Bianca Gabbey, Tanja Giese (Hrsg.)

UNLOCK YOU – Wie neun Menschen den Mut zum glücklichen Leben fanden. Und wie es auch dir gelingt.

AF197470

Hrsg. Bianca Gabbey / Tanja Giese

UN
LOCK
YOU

Wie neun Menschen den Mut zum glücklichen
Leben fanden. Und wie es auch dir gelingt.

1. Auflage 2024
© Bianca Gabbey, Tanja Giese

Die Deutsche Nationalbibliothek verzeichnet diese Publikation in der
Deutschen Nationalbibliografie; detaillierte bibliografische Daten sind im
Internet über http://dnb.dnb.de abrufbar.

Gabbey & Co. GmbH
vertreten durch Geschäftsführerin Bianca Gabbey
Richard-Sorge-Str. 33
10249 Berlin
E-Mail: bg@gabbeyundco.de

Tanja Giese
Jacobsohnstraße 17
13086 Berlin
E-Mail: tanja@im-selbstverlag.de

Lektorat & Buchsatz: www.im-selbstverlag.de,
in Kooperation mit www.misabookdesign.de
Cover: www.eike.studio

Druck und Distribution im Auftrag der Herausgeberinnen: tradition GmbH,
Heinz-Beusen- Stieg 5, 22926 Ahrensburg, Germany

Softcover: ISBN 978-3-384-20422-6
Hardcover: ISBN 978-3-384-20423-3
E-Book: ISBN 978-3-384-20424-0

Haftungsausschluss:

Dieses Buch, einschließlich aller darin enthaltenen Informationen und
Übungen, dient lediglich zu Informationszwecken und ersetzt in keinem Fall
professionelle Beratung oder Behandlung durch ausgebildete und anerkannte
Fachkräfte wie Ärzt:innen, Psychotherapeut:innen usw. Die bereitgestellten
Inhalte und Übungen dürfen nicht verwendet werden, um eigenständige
Diagnosen zu stellen oder Behandlungen zu beginnen.

Die Herausgeberinnen und Autor:innen übernehmen keine Haftung für
Schäden jeglicher Art oder Unannehmlichkeiten, die durch den Inhalt dieses
Buches oder die Anwendung der darin beschriebenen Informationen und
Übungen entstehen könnten. Jede:r Leser:in ist angehalten, die Übungen mit
Vorsicht und Selbstverantwortung durchzuführen und bei Unsicherheiten
oder gesundheitlichen Problemen stets professionellen Rat einzuholen.

Inhaltsverzeichnis

Vorwort

Unlock You ist eine motivierende, berührende Sammlung von Geschichten, deren Ziel es ist, zu inspirieren. Wozu? Seinen Traum, sein wahres Ich zu leben! Eines eint die neun Menschen, die ihre Geschichte in diesem Buch teilen: Egal, welche Hindernisse ihnen im Weg standen, welches Schicksal zugeschlagen hat, in welcher Situation sie sich befanden, wo sie überzeugt waren, sich niemals ändern zu können – sie haben nicht aufgegeben, sondern an ihre Idee geglaubt.

In meinen vielen Jahren als Business Coach, in denen ich auch die Freude hatte, ein paar der Autor:innen begleitet oder zumindest kennengelernt zu haben, ist mir eines bewusst geworden: Dort, wo der größte Schmerz, die größte Niederlage im Leben zu liegen scheint, ist auch der größte Schatz verborgen. Wer den Mut hat, über seinen Schmerz oder die unüberwindbar geglaubten Hindernisse hinauszuwachsen, den erwartet ein wunderbares Geschenk. Das Geschenk der Eigenermächtigung, Selbstbestimmung und Authentizität.

Diese Geschichten erzählen über Eigenschaften, die wir als Menschen teilen: Mitgefühl, Vergebung, Großzügigkeit, Verzweiflung, Hoffnungslosigkeit, Abhängigkeiten, Überzeugungen, Willensstärke, Durchhaltevermögen, Freundschaft, Liebe und Glaube. Wir erfahren von der Wichtigkeit von Freund:innen und Coaches auf dem Weg zur Selbstbestimmung, zur Unabhängigkeit, zum eigenen Business.

Das Leben belohnt jene, die aktiv die Veränderung angehen und Entscheidungen treffen – ohne Netz und Sicherheitsgurt. Jede der wahren Geschichten hat eine eigene Sprache und wir bekommen auch Werkzeuge vermittelt, die uns auf unserem persönlichen Weg der Transformation helfen können.

Wann hört die Arbeit an uns selbst auf? Nie! Wenn ich gefragt werde, wer ich in Zukunft sein möchte, gebe ich immer die gleiche Antwort: eine lebenslange Schülerin meines eigenen Potenzials. Das vorliegende Buch ist das beste Beispiel dafür!

Barbara Jascht

Barbara Jascht ist vielseitig wie das Leben selbst. Ihre Expertise reicht von der Psychologie über Business Coaching bis hin zu Bühne und Musik. Sie hat sprichwörtlich tausende Kilometer als Coach, Keynote Speakerin und Musikerin auf ihrem Lebenstacho. Sie praktiziert und lehrt bodenständige Spiritualität genauso wie die Werkzeuge für ein erfolgreiches Business. Diese Mischung macht sie zu eine der herausragendsten Business Coaches und Trainerinnen der DACH-Region.

Das ist
Anke Rega

Wohnort Berlin

Alter 45

Webseite
www.ankerega.com

Was machst du beruflich? Illustration und Gestaltung

Was zeichnet dich persönlich aus?
Ich bin sehr kreativ und sprühe vor Ideen. Ich denke in Bildern, bin sehr feinfühlig und sehe auch schon Bilder, wenn ich mich mit anderen unterhalte. Ich sehe die guten Dinge in allem (oder versuche es ziemlich schnell, es so hinzudrehen, wenn mal etwas nicht so toll ist). Ich liebe es, zu träumen und von dort zu kreieren. Ich bin sehr neugierig und auch immer interessiert, zu erfahren, was und wie andere etwas machen. Das finde ich sehr inspirierend.

Welches Tier wärst du? Eine Katze, ob groß oder klein, müsste ich noch überlegen, ich mag ihre Unabhängigkeit und dass jede so einen besonderen Charakter hat.

Wie ist deine familiäre Situation? Momentan Single (mit Katze)

Lieblingszitat/Motto Dranbleiben.
See all the little big things in life and make your heart sing. Dream.

All
things
flowers

Anke Rega

Jeden Morgen stehe ich auf und freue mich über mein Leben. Ich habe mir meinen größten Wunsch erfüllt: ein Dasein als sehr gefragte freie Illustratorin. Dabei sind meine Aufträge so wunderbar vielfältig, dass ich meine ganze Kreativität ausleben darf. Coaches wollen ihre Produkte mit meinen Designs verschönern lassen, Geschäftsinhaber:innen wünschen sich meine floralen Gestaltungen für die Fenster und Fassaden ihrer Ladengeschäfte und erfolgreiche Unternehmen lassen ihre Verpackungen und Interieur-Elemente von mir gestalten. Meine Kund:innen freuen sich über die verschiedenen Stile in meinem Repertoire, die ich sowohl als Aquarell zu Papier bringe als auch digital er- und bearbeite.

Und das Beste: Ich kann wirklich von überall in der Welt arbeiten. Was für eine Freiheit und Fülle! Doch das war nicht immer so.

Die Erkenntnis

Es war im Juni 2015. Ich stand in meinem Badezimmer und ließ die Gedanken laufen – so wie immer, wenn ich unter der Dusche stehe. Es war eine besonders anstrengende Zeit. Seit 12 Jahren betrieb ich mein Streetfashion-Label KEREGAN*. Ich hatte es vom Druck meiner Motive auf eingekaufte Shirts und Verkauf in Kommission zu einem Label aufgebaut – mit Partnerin, halbjährlicher Kollektion, Produktion in Portugal und Vertriebsagentur. Über das Label war ich Stück für Stück wieder zum Zeichnen gekommen: Anfangs verwendete ich noch Teile von Fotos, die ich für die Motive gemacht hatte, bis aus der notizartigen Skizze komplette Zeichnungen wurden.

Vor einem halben Jahr hatte meine Partnerin unser Label verlassen. Ich machte mit einer befreundeten Designerin gemeinsam weiter und arbeitete mit einem neuen Hersteller, der mein Label als Aushängeschild für nachhaltige Produktion nutzen wollte. Wir hatten alles so schön neu zusammengestellt, neue Schnitte, neue Motive für die Prints und die Zusammenarbeit mit der Designerin war super. Allerdings lieferte der Hersteller einfach keine Muster meiner Kollektion.

Das Fatale: In einer Woche startete bereits die Fashion Week in Berlin, auf der wir unsere neuen Produkte präsentieren wollten! Mein Bauchgefühl sagte mir nichts Gutes. Und plötzlich – unter der Dusche – war es für mich ganz klar: Ich würde mein Mode-Label auflösen. Ich wollte das Label nicht mehr ständig retten müssen, zu weit über meine Grenzen gehen und noch einen Zusammenbruch erleben wie mit dem Tinnitus vor drei Jahren. Nein. Ich wollte frei sein! Frei überall arbeiten können, ungebunden an Lager, Lagerware und Läden. Ich dachte daran, dass ich mal Innenarchitektin werden wollte und überlegte, ob ich doch noch ein weiteres Studium beginnen sollte. Aber mir wurde schnell klar, dass ich einen anderen Wunsch hatte: Ich wollte Illustratorin sein! Als ich da so mit diesem Gedanken stand, kamen die Tränen. Es waren Tränen der Erleichterung und der Abenteuerlust, in etwas Neues zu gehen. Ich fühlte mich auf einmal sehr befreit.

Der Aufbruch

Ich sagte alle Termine für die nächste Kollektion ab, auch dem Hersteller, der auf meine ellenlange Nachricht zu allem, was für mich in der Kooperation nicht funktionierte, einen Zweizeiler als Antwort schickte. Mir zeigte das, wie ernst er die Zusammenarbeit nahm. Nämlich gar nicht. Ich dachte, wenn er mein Label wirklich als Aushängeschild für nachhaltige Produktion seiner Firma nutzen wollte, würde er jetzt ernsthaft die Situation lösen wollen. Nun ja. Schade. Aber mein Entschluss stand fest.

Nach einigen urlaubsarmen Jahren ging es im Sommer erstmal acht Wochen auf einen Roadtrip mit meiner Freundin Hannah. In ihrem Bully fuhren wir vom Chiemsee nach Griechenland. Freiheitsgefühl am Meer entlang. Es war die allerschönste Reise, beflügelnd und gefüllt mit vielen Eindrücken, Inspiration und einer Unmenge an tiefen Gesprächen. Wir beide standen an einem Wendepunkt in unserem Leben.

Die Umgestaltung

Braungebrannt zurück in Berlin war es dort schon Herbst. Die Weihnachtssaison stand also direkt vor der Tür. Bisher hieß das für mich, mit meinem Label auf vielen Design-märkten zu stehen. Das tat ich auch dieses Jahr – aber nur, um die Lagerbestände meines Labels abzuverkaufen. Für den Übergang sicherte das meinen Lebensunterhalt der nächsten Monate und gab mir Raum, mich zu sortieren.

Ich löste mein Studio in Berlin-Friedrichshain auf. Da-mals wollte ich absolut keine Verantwortung mehr haben. Später habe ich es manchmal bereut, mein Studio nicht be-halten zu haben. In dem Moment wollte ich aber einfach alles loslassen. Ich zog in einen Co-Working-Space mit vie-len anderen Kreativen. Es fühlte sich sehr gut an, nicht mehr allein im Studio zu sein. Ich fand über die Nachbaragentur nach ein paar Monaten auch einen Freelance-Job in der Bild-bearbeitung, der weiter für meinen Lebensunterhalt wäh-rend meiner Umorientierung sorgte.

Das Ziel war nun, als Illustratorin unterwegs zu sein. So konnte ich meine kreative Ader in vielen verschiedenen Bereichen und komplett ortsunabhängig ausleben. Wie konnte ich dieses Ziel erreichen? Erst einmal fing ich an, mich »Illustratorin« zu nennen. Ich muss sagen, zu Beginn fühlte sich das echt fremd an. Aber egal. Das war das, was ich wollte, und irgendwo musste ich ja anfangen.

Natürlich habe ich weiter recherchiert, was mich noch an mein Ziel bringen konnte. Im Internet stieß ich auf viele Kurse und Infos und auch auf eine Seite mit vielen sehr inspirierenden Illustrator:innen. Wie ich herausfand, war das sogar die Seite einer Agentur. Wer hätte gedacht, dass das später die Agentur sein sollte, von der ich jetzt vertreten werde? Aber eins nach dem anderen. Ich fing also an, viele Online-Kurse für Illustration zu besuchen. Ich hatte erstklassige Kurse bei *make art that sells* entdeckt, einer amerikanischen Seite. (Vorsicht, wenn du diese auch absolvieren willst: Sie machen süchtig!) Und so lernte ich.

Wachstum und Mentoring

Durch eine Begegnung auf einer Veranstaltung landete ich 2016 in meinem ersten mehrmonatigen Mentoring. Ich wollte ja immer noch wissen, wie ich am besten dort ankomme, wo ich hinwollte. Meist geht das mit Unterstützung und einem Blick von außen besser. Jedenfalls für mich. Dort lernte ich Bianca kennen. Zusammen entwickelten wir Produkte unter ihrem Label »Geschenke aus Berlin« und stellten unsere Kreationen auf der Messe »Trendset« aus. Das war eine dufte gemeinsame Zeit. Doch leider ging sich nicht alles so aus, wie wir das erhofft hatten. So ließen wir die Kooperation wieder auslaufen.

Eines Tages begegnete ich auf einem Designmarkt Bloomon, einem Unternehmen, das sich auf Blumenarrangements im Abo spezialisiert hatte. Wir blieben nach dem Markt in Kontakt. Ich dachte, vielleicht könnte ich für sie zeichnen. (Schon da kam meine Liebe zu Blumen durch.) Bloomon hatte neben dem Büro in Amsterdam auch ein Büro in Berlin. Nach einem ihrer Fotoshootings landeten all ihre unzähligen schönen, exotischen Blumen bei mir. Diese Pracht musste ich natürlich auf Papier festhalten und so begann ich, Blumen zu zeichnen. Dieses Training von damals merke ich heute noch: Ich bin echt schnell und gut im Blumenzeichnen!

In dieser Zeit begann ich auch, meine Familiengeschichte aufzuarbeiten. Für eine Weile zog ich mich zurück. Das Zeichnen hat mir in dieser Zeit sehr dabei geholfen, mich zu sortieren. Ich habe Abende und Wochenenden durchgezeichnet. Fleißig arbeitete ich auch in meinen Kursen weiter. Insbesondere die internationale Gemeinschaft dahinter, fand ich an diesen Online-Kursen richtig großartig. Ich lernte dadurch Illustrator:innen in der ganzen Welt kennen und habe inzwischen auch schon einige persönlich getroffen.

2017 bin ich in ein anderes Studio bei mir um die Ecke gezogen. Ich mochte den ersten Co-Working-Space sehr, konnte dort aber nicht in Ruhe kreativ arbeiten. Es war zu unruhig für mich, weil alle Räume offen waren. Dadurch hatte ich mir angewöhnt, zu Hause zu zeichnen. Dort hatte ich meine Ruhe und konnte auch in meiner Musik dazu abtauchen. Im neuen Studio saß ich dann leider ganz allein im Raum, meine Raummitbewohnerin war schwanger und auf einmal nicht mehr da. Zu den anderen im Studio bekam ich keinen Anschluss, was sehr untypisch für mich ist. Gut, das kann auch daran gelegen haben, dass ich neben meinen wachsenden Illustrationsaufträgen immer noch viel in der Bildbearbeitung freelancte und entsprechend stark eingespannt war. Ich fand die Kombination ganz cool, da ich in der Bildbearbeitung mit Photoshop noch einiges gelernt habe. Das kam natürlich auch meinen Illustrationen und deren Bearbeitung zugute. (Ich wurde geradezu zum Photoshop-Pro, fast wie Photoshop Philipp – oder auch nicht. Aber wenn du mal lachen möchtest, kannst du ja googeln.)

Die Studiomiete machte in dem Moment nicht mehr viel Sinn für mich. So zog ich wieder aus dem Studio aus und arbeitete von zu Hause, da ich mir eh angewöhnt hatte, dort zu zeichnen. Mehr und mehr regte sich der Widerstand in mir, weitere Freelancer-Aufträge anzunehmen. Auch wenn ich dankbar für den Job war, wollte ich am liebsten nur mein eigenes Ding machen. Ja, genau nur das!

Im darauffolgenden Jahr bin ich das dritte Mal am Ohr operiert worden, um mein Loch im Trommelfell schließen zu lassen. Die OP verlief gut. Danach gab es allerdings Komplikationen. Ich hatte zu früh wieder in der Bildbearbeitung gearbeitet und mich bei einem erkälteten Kollegen angesteckt. Da ich noch nicht ganz fit war, hat sich die Erkältung direkt aufs Ohr gelegt und entwickelte sich von einer Gesichtsnervenlähmung über eine Mittelohrentzündung zu einem Pilz im Ohr. Gefühlt hieß mein Nebenjob für die nächsten drei Monate »Arztbesuche«. Das war ziemlich zermürbend. Ich weiß noch, wie der Arzt zu mir sagte: »Ja, Frau Rega, wenn es das nächste Mal nicht besser ist, operieren wir nochmal oder Sie bekommen ein Hörgerät.« Er konnte mir dabei nicht in die Augen sehen. Ich wusste also, wie schlimm es war, und fuhr weinend nach Hause. Kurz gesagt: Mir ging es echt nicht gut. Damals konnte ich noch nicht gut nach Hilfe fragen. Ich fühlte mich alleingelassen.

Wendung

Ein Freund gab mir damals das erste Buch von Laura Malina Seiler, die Vorreiterin der neuen Persönlichkeitsentwicklung. Das war der Start auf dieser Reise. Das Buch war wortwörtlich »life changing« für mich. Ich fing an, zu meditieren und jeden Morgen meine Ziele aufzuschreiben, von kurzfristig über mittelfristig bis langfristig.

Im Sommer habe ich dann am »Global Talent Search« teilgenommen, einem weltweiten Illustrationswettbewerb von *make art that sells*, wo ich so viele Kurse absolviert hatte. Der Gewinn war eine Agenturvertretung. Der Wettbewerb erstreckte sich über drei Runden und es starteten über 1.400 Teilnehmende. Nach jeder Runde wurde ausgewählt, wer weiterkam. Jeden Morgen schrieb ich in meine Ziele, dass ich einen Special Studio Award gewinne und von der Agentur Lilla Rogers Studio vertreten werde. Und dann war ich tatsächlich mit fünf anderen Teilnehmenden im Finale. Das war aufregend! Wir sind in diesem Jahr alle sechs in die Agentur aufgenommen worden. Der Moment, als die Nachricht kam, war der Wahnsinn. Ich habe ehrlich gesagt nur noch geweint, weil so viel Druck der letzten Wochen von mir abfiel – und vor allem weil ich mein Ziel erreicht hatte. Ich hatte es sprichwörtlich manifestiert. Ich war in meiner Traumagentur angekommen.

Ich dachte: »Ab jetzt fließen alle Aufträge mit Leichtigkeit über die Agentur zu mir und ich muss nie wieder akquirieren!« Das klang jedenfalls so (das Marketing der Agentur ist wirklich 1A). Aber Pustekuchen. Leider stellte ich recht schnell fest, dass das nicht so einfach ist. Ich habe wirklich schöne erste Aufträge über die Agentur bekommen wie für das Magazin *Do it yourself* von Better Homes and Gardens, für das ich letztendlich vier Jahre gezeichnet habe. Ich habe sogar das Buch über Anne Frank für Penguin UK gestaltet. Dennoch reichte es vorne und hinten nicht zum Leben. So habe ich nach einem halben Jahr wieder angefangen, selbst zu akquirieren. Glücklicherweise hatte ich im Vertrag (der eigentlich exklusiv ist) die Klausel, dass ich alle deutschsprachigen Geschäfte selbst verhandeln konnte.

Inzwischen finde ich es viel besser, selbst zu verhandeln, und in der Regel mache ich das zu besseren Preisen als über die Agentur. Trotzdem ist dabei die größte Herausforderung, meine Preise zu nennen und diese entsprechend meinem Wert zu berechnen. Da ist immer noch Luft. Ein Produkt zu verkaufen, wie ich es damals bei meinem Label gemacht hatte, ist definitiv einfacher, als sich selbst und den Wert, den man schafft, zu verkaufen. Das musste ich erst Schritt für Schritt lernen. Und ja, natürlich lernt man das.

All-in

Mein Ziel war nach wie vor, Vollzeit frei zu illustrieren. 2020 bin ich dann den großen Schritt zu diesem Ziel gesprungen: keine Freelance-Jobs mehr, nur noch Illustration.

Und das zum Start von Corona. Das fühlte sich verrückt an. Alles auf Go. Dann gab es erstmal pandemiebedingt einen Stopp im Außen. Glücklicherweise war ich genau zu dem Zeitpunkt auch in einem Mentoring, sodass ich guten Halt und Rückenwind für mein Mindset hatte. Die Coronazeit hatte nach der anfänglichen Panik keine negative Auswirkung auf mein Business. Ich hatte weiter gut zu tun und habe es geschafft, bis September drei Monate im Voraus ausgebucht zu sein.

Durch mein Mentoring habe ich in dem Jahr angefangen, mich jeden Morgen und Abend auf meine Vision auszurichten und in die Gefühle dazu zu gehen. Das hat sehr viel verändert. Denn wenn man sich richtig ausrichtet, handelt man während des Tages tatsächlich anders als sonst.

Da ich persönliche Weiterentwicklung schon immer interessant und wichtig fand, wollte ich unbedingt auch in diesem Bereich illustrieren, um mit meiner Kunst andere auf ihrem Weg zu unterstützen, Impulse zu geben und zu inspirieren. Natürlich ist Persönlichkeitsentwicklung auch ein großer und noch weiterwachsender Markt. Mein Ziel war es, die Bücher und Produkte von Coaches zu illustrieren. Das hat funktioniert und inzwischen bin ich gut positioniert.

Illustration hat so viele Bereiche, in denen man arbeiten kann. Neben der Illustration für persönliches Wachstum liebe ich auch die dekorative Illustration: unseren Alltag, unsere Umgebung mit Zeichnungen und Produkten schöner zu machen. Auch das war und ist noch immer meine Leidenschaft.

Emflowerment

2021 erhielt ich einen besonderen neuen Auftrag: die Gestaltung eines Cafés. Ich gestaltete unter anderem die 16 Meter lange Fensterfront mit meinen Illustrationen, passend zu den Werten und der Vision des Cafés. Das machte richtig viel Spaß. Ich liebe solche großen Projekte und mich selbst mit Neuem herauszufordern. Das Café ist weit über den Platz sichtbar und die Gestaltung zieht immer wieder neue Kundschaft dorthin. Die Cafébetreiber sind noch immer glücklich mit meiner Arbeit und bekommen oft Komplimente für die besondere Gestaltung. Mich ließ dieses Projekt meine Liebe zur Illustration für Räume neu entdecken. Witzig, wie sich doch immer die Kreise schließen: Nun kam ich in gewisser Weise doch noch zur Innenarchitektur.

Zu diesem Zeitpunkt entstand auch mein Konzept des »Emflowerment« – die Verwendung der Bedeutung von Blumen als zentrales Gestaltungselement in meiner Kunst. Emflowerment ist für mich Empowerment mit Blumen. Die Sprache der Blumen ist im Viktorianischen Zeitalter entstanden, als noch nicht so frei wie heute kommuniziert wurde. Ich nutze sie, um die Visionen meiner Kund:innen floral auszudrücken. Gleichzeitig ist jede Blume für sich einzigartig und vollkommen – auch in ihrer Unvollkommenheit, wenn nicht alles symmetrisch ist. Das schlägt eine wunderbare Brücke zur Selbstliebe: sich so anzunehmen, wie man ist, in seiner Schönheit aufzublühen und in die eigene Kraft zu kommen.

Seit einem Jahr lege ich meinen Fokus auf die florale Gestaltung. Zwischendurch hatte ich immer mal wieder Zweifel: Echt jetzt, den Fokus nur auf Blumen? Ist das nicht zu wenig? Aber Zweifel sind oft auch ein Zeichen dafür, dass dahinter etwas richtig Großes liegt. Die Komfortzone wird verlassen. Was, wenn es doch nicht klappt? Was, wenn es klappt? Und ja, warum nicht? Blumen sind eine unendliche Inspirationsquelle. Wenn doch allein schon Orchideen 28.000 Arten haben, wie viele Blumen gibt es dann auf der Welt? Und man kann sie mit anderen Elementen, Themen, Schriften, tatsächlich mit allem in der Gestaltung kombinieren.

Eins steht fest – das Emflowerment werde ich richtig groß machen und es wird Produkte, Fassaden, Pools, Autos und ganze Straßenzüge mit meinen floralen Illustrationen geben. Was freue ich mich darauf und auf den Weg dahin! Ich sehe und spüre all das tatsächlich schon sehr klar, da ich mich jeden Morgen und Abend in meiner Meditation und Manifestation darauf ausrichte. Es heißt ja immer: Wir alle haben die Vision, Ideen, Bilder in uns, für die wir das Potenzial haben. Also, auf in die Umsetzung!

Die Magie der Zielsetzung: Deine Wünsche im Fokus

Bianca Gabbey

Anke hat sich einmal mehr neu erfunden. Damit hat sie etwas getan, was die meisten Menschen einfach nicht tun. Denn um dich zu verändern und wirklich zu der Person zu werden, die all das hat, was du dir so sehr wünschst, braucht es ein klares Ziel und ein inneres Bild von dir und deiner gewünschten Zukunft. Dabei ist es wichtig, herauszufinden, wer du sein musst und möchtest, um dein gewünschtes Ziel zu erreichen. Wie ist die Person, die das Leben lebt, das du dir ersehnst? Denn wärst du innerlich und äußerlich schon die Person, die diese Ergebnisse hat, hättest du sie schon ... Äh? Ja, lies den Satz ruhig noch mal.

Es gilt also, dich zu der Person zu entwickeln, die diese Ergebnisse hat, die du dir wünschst. Da ist es egal, ob du mehr Umsatz, mehr Einkommen, eine:n Traumpartner:in, mehr Freizeit, schönere Reisen, mehr Gesundheit oder was auch immer haben willst. Du hast es noch nicht, weil du diesen gewünschten Zustand noch nicht verkörperst.

Um dies zu verkörpern, braucht es eine klare Vorstellung von der Person, die du werden musst. Ja, »musst«. Denn wenn du bestimmte Dinge nicht änderst, wirst du nie andere Ergebnisse als die jetzigen erreichen. Und mit Ergebnissen sind auch deine Gesundheit und deine Partnerschaft gemeint. Alles, was du in deinem Leben erlebst, passiert nur, weil du unbewusst und bewusst Dinge tust, die zu deinen aktuellen Lebensumständen führen. Also lass uns die Person kreieren, die all das hat, was du dir so sehr wünschst!

Warum ist es so wichtig, sich klare Ziele zu setzen und die Entscheidung zu fällen, diese Ziele zu erreichen? Hier spielt Dopamin eine große Rolle. Diese chemische Substanz steuert nicht nur dein gutes Gefühl und deine Vorfreude, sondern sie beeinflusst maßgeblich deine kognitiven Funktionen und deine Fähigkeit zur Entscheidungsfindung. Dopamin steigert deine Motivation sowie deinen Fokus. Es beeinflusst deine Entscheidungsfindung und unterstützt deine Lernprozesse. Es ist dein kraftvoller Antrieb, denn Dopamin wird freigesetzt, wenn du klare Ziele setzt und »Ja!« zu ihnen sagst.

Bereit? Es gibt verschiedene Wege und Methoden, deine Ziele zu setzen. Vielleicht hast du schon von der SMART-Methode gehört. Wenn ja: Vergiss sie. Wenn nein: Kümmere dich nicht weiter darum.

Ich möchte dir eine Methode vorstellen, die Bob Proctor, einer der renommiertesten Erfolgsmentoren der Welt, in seinem Erfolgsprogramm »Thinking into Results« vorstellt. Er betont, dass deine klaren Ziele nicht einfach nur als Wünsche ausgesprochen werden sollten, sondern als bewusste Entscheidungen, die eine emotionale Reaktion bei dir auslösen. Hier kommt wieder das Dopamin ins Spiel.

Die konsequente Ausrichtung auf diese Ziele schafft eine positive Denkweise und macht so den Weg frei für deinen Erfolg. Die Veränderung deiner Identität und das Erreichen deiner gewünschten Zukunft beginnen eben mit einem klaren Ziel und einem inneren Bild von dir selbst – denn unser Unterbewusstsein arbeitet effektiver mit Bildern.

Folgende Schritte helfen dir, dein Ziel konkret zu formulieren und deine nächsten Schritte klarer zu sehen:

- Beschreibe dein gewünschtes Ziel so detailliert und in der Gegenwartsform, dass eine andere Person sofort ein klares Bild davon hat, wenn sie den Text lesen würde. Dieser Text ist das Drehbuch für dein neues Leben.
- Visualisiere dieses beschriebene Ziel so oft es geht. Idealerweise nimmst du dir morgens und abends Zeit, um dich emotional auf diese Zukunft einzustimmen. Sieh es vor deinem inneren Auge, als wäre es schon Realität.
- Korrigiere deine Selbstgespräche über dich und deine Zukunft so, dass die Gedanken, die du denkst, sich gut anfühlen und dich stärken. Nutze dafür Affirmationen. Wiederholung ist hier der Schlüssel. Durch Wiederholung kannst du neue Gedanken etablieren.
- Hinterfrage bestehende Überzeugungen, die deinen Zielen im Weg stehen könnten, und passe sie an.

Auf dem Weg zu deinem Ziel spielt die Selbstreflexion eine wichtige Rolle. Die Auseinandersetzung mit deinen eigenen Gedanken und Emotionen ermöglicht eine klarere Identifikation deiner Ziele. Also erlaube dir, immer wieder zu prüfen: Fühlt es sich gut an, was ich erreichen möchte? Passe deinen Kurs an, wenn du merkst, dass es nötig ist.

Das ist
Marcel Obersteller

Wohnort Berlin

Alter 46

Webseite
www.motrng.de

Was machst du beruflich?
Sportwissenschaft-
ler, Dozent, Health-
Converter, Performer,
Unternehmer

Was zeichnet dich persönlich aus?
hohe Empathiefähigkeit, Out-of-the-Box-Denker, wandeln-
des Lexikon, Netzwerker

Welches Tier wärst du? Die Möwe Jonathan

Wie ist deine familiäre Situation? ledig, Vater von drei
Kids

Lieblingszitat/Motto ERFOLG ist PLANBAR.

Schritt für Schritt zur eigenen Höchstform

Marcel Obersteller

Ich bin Marcel Obersteller, Sportwissenschaftler, Coach und Health-Converter.

Ich begleite Menschen dabei, Gesunderhaltung als Lebenseinstellung zu etablieren. In diesem Prozess gehen wir Schritt für Schritt durch die Funktionsmöglichkeiten des menschlichen Körpers, um Menschen zu Performer:innen zu machen.

Ich liebe meinen Job und bin immer wieder erstaunt, wozu meine Kund:innen im Stande sind. Wenn sie bereit sind, eine Persönlichkeitsentwicklung zu machen und auf ihre eigene Held:innenreise durch ihren Körper gehen. Meine Kund:innen lieben meine Geduld, meinen Weitblick, dass ich während ihrer Reisen niemals dogmatisch wirke und ihnen den Mut gebe, Zufälle zu erkennen und anzunehmen.

Das war aber nicht immer so. In meiner Zeit als Leistungs-sportler hatte ich den Blick für die Freude an der Bewegung und die tolle Wirkung von Sport, Ernährung und Mindset auf die Gesunderhaltung verloren.

Meine Jugend bestand nur aus Sport

Als Kind war ich ständig in Bewegung. Meine Mutter schaffte es nach der Schule noch gerade so, mir ein Brot zu geben und zu sagen: »Komm bitte wieder, wenn es dunkel wird!« Und schon war ich weg: draußen, Fußballspielen, Klettern ... Es erfüllte mich einfach, mich zu bewegen. Ich liebte Sport.

Als Jugendlicher versuchte ich mich in verschiedensten Sportarten. Ob Turnen, Skilanglauf oder Kickboxen, alles wurde im Verein ausprobiert. Im Triathlon habe ich schließ-lich mit 17 Jahren meine große Leidenschaft gefunden. Mein Leben war komplett auf Triathlon ausgerichtet und ich konnte es kaum erwarten, jede freie Stunde des Tages irgendetwas zu trainieren. Ich hatte ja drei Sportarten zur Auswahl und auf eine der drei Sportarten hatte ich IMMER Lust. Ich trainierte zweimal täglich und wurde so schnell besser. Mit 18 wurde ich in den Berliner Landeskader beru-fen und mit Anfang 20 dann in den Nationalkader. Ich be-reiste die ganze Welt. Mein großes Ziel war es, einen Ironman (Langstreckentriathlon mit 3,8 km Schwimmen + 180 km Radfahren + 42,2 km Laufen) unter 9 Stunden zu finishen. Ich war sehr gut, aber für meinen großen Traum fehlten mir immer ein paar Minuten.

Ich erreichte den elften Platz, achten Platz, vierten Platz, aber nie schaffte ich es unter 9 Stunden. Im Ziel waren es dann immer 9:04 h oder 9:03 h, sogar 9:01:54 h. Doch es reichte nicht, ich scheiterte an der Neunstundenmarke.

Auch als mir mein Trainer erzählte, dass ich von über 2.400 Starter:innen Elfter wurde und damit 99,5 % hinter mir waren, hatte ich dennoch das Gefühl, eine unüberwindbare Grenze vor mir zu haben.

Für den Hochleistungssport galt ich als Späteinsteiger. Mir fehlten mindestens 5 Jahre des spezifischen Triathlontrainings, also trainierte ich mehr, häufiger, härter.

Ich gewann Rennen in Berlin und Brandenburg, blieb aber nicht bis zur Siegerehrung, da mir ein weiteres Training an dem Tag wichtiger war.

Ich trainierte auf den schönsten Inseln, aber wenn mich jemand nach Details fragte, konnte ich nur sagen, wie das Schwimmbad aussah, die Straße vor dem Hotel oder das Buffet.

Ich verlor komplett den Blick für die Dinge abseits des Trainings. Mir erschien das in dieser Zeit auch nicht wichtig. Häufig habe ich erst nach Wettkämpfen anhand der Fotos erkannt, wo ich überall lang gefahren war.

Eine gute und eine schlechte Nachricht

Mit 24 Jahren standen die jährlichen Kadertests an und im Anschluss saß ich mit meinem Trainer und den beiden Ärzten zum Auswertungsgespräch zusammen.

»Marcel, wir haben eine gute und eine schlechte Nachricht für dich!«

So begrüßten mich der Nationaltrainer und zwei Ärzte.

Die gute: »Du bist so fit und so schnell wie noch nie.«
Die schlechte: »Du wirst leider nicht mehr viel schneller.«

Was?

Ich verstand die Welt nicht mehr! »Wenn man trainiert, wird man doch besser!«

»Ja, im Prinzip hast du recht, allerdings trainierst du schon fast jede Woche 40 Stunden. Wir können weder dein Pensum noch die Härte der Einheiten erhöhen, ohne Gefahr zu laufen, dass du dich verletzt. Du bist aktuell motorisch an deinem Maximum. Du kannst keine höheren Schrittfrequenzen laufen oder Armfrequenzen schwimmen. Die einzige Stellschraube bei dir wäre die Beweglichkeit. Aber die kannst du in jungen Jahren viel besser trainieren und eigentlich kommt diese Ausbildung vor der spezifischen Leistungssportausbildung. Durch deinen späten Einstieg in die Sportart, deine Begabung und deinen starken Willen ist das anfangs nicht aufgefallen, aber nun im Spitzenbereich ist diese Ausbildung wichtig. An die Beweglichkeit kommst du aber nur, wenn du deinen Trainingsumfang extrem herunterfährst, nichts Hartes mehr trainierst und über einen Zeitraum von 6 – 10 Monaten jeden Tag Gymnastik machst. Mit einer besseren Beweglichkeit kriegen wir dich dann zu einer größeren Schrittlänge und somit zu einer Leitungssteigerung.«

Diese Antwort gefiel mir nicht. Das bedeutete, dass ich in den nächsten zehn Monaten an keinen Wettkämpfen teilnehmen konnte. Ich würde die Kadernormen nicht erfüllen können. Meinen Status als Nationalsportler würde ich verlieren.

Ich trainierte weiter, ich trainierte härter, ich trainierte länger. Ich versuchte, zusätzlich noch Gymnastik in meinen Trainingsalltag zu integrieren.

Aber ich entwickelte mich nicht! Meine Leistungen stagnierten in allen drei Sportarten – wenn auch auf einem sehr hohen Niveau. Ich schaffte die Saison meines Lebens und in Berlin wurde ich für meine Erfolge gefeiert, aber mir reichte das nicht. Mich interessierte der sportliche Vergleich in Wirklichkeit gar nicht. Ich wollte diese Grenze überwinden! Ich wollte die beste Version von mir selbst werden und damals dachte ich, das ginge nur mit Training.

Im Folgejahr blieben die erhofften Ergebnisse aus. Ich stellte mein Fahrrad in den Keller und holte es zwei Jahre nicht mehr heraus. Meine Laufschuhe standen im Schrank und Schwimmhallen betrat ich nur als Trainer.

Ich versuchte, alles nachzuholen, worauf ich jahrelang »vermeintlich« verzichtet hatte: Ich feierte exzessiv, aß viel und ungesund. Ich hatte das Gefühl, an meinen eigenen hohen Erwartungen gescheitert zu sein! All meine Erfolge hatten für mich keinerlei Bedeutung, weil ich mein eigentliches Ziel, das Finishen unter 9 Stunden, nie erreicht hatte.

Die Wende

Nach zwei Jahren und 10 Kilogramm mehr auf meinen Hüften rief mich ein Trainerkollege an und überredete mich, eines seiner Trainingslager zu begleiten. Ich könne so gut Dinge erklären und wäre so geduldig, schmeichelte er mir.

Ich passe so gut in sein Konzept. Er nenne das Ganze nicht Trainingslager, sondern Trainingsurlaub, meinte er.

Ich antwortete, dass ich mit Triathlon nichts mehr am Hut hatte und mich für mein Gewicht mindestens 20 Zentimeter zu klein fühlte. Egal was ich auch sagte, er wollte mich dabeihaben. Und so nahm ich sein Angebot an. Drei Wochen Italien mit erwachsenen Triathlon-Anfängerinnen.

Angekommen in Italien, begegnete ich im Hotel nur völlig unsportlichen Leuten, die in der Lobby Kaffee tranken, sich lachend unterhielten und schon winkten, als ich zur Tür hereinkam.

Sie redeten alle durcheinander, waren furchtbar aufgeregt, hatten eine Million Fragen und beendeten jede Frage mit »… ach Gott, ich bin soooo aufgeregt« oder »… das wird sooo schön!«

Ohjeh, dachte ich mir, *das kann ja etwas werden.*

Den ersten Tag haben wir mit dem Fahrrad auf der Hotelwiese verbracht und lernten das Auf- und Absteigen ohne umzufallen. Sie stiegen von rechts auf das Fahrrad und fielen links wieder herunter. Einigen war überhaupt nicht bewusst, dass es sinnvoll wäre, Sportklamotten zu tragen. Sie wollten es ja erstmal nur probieren, also warum gleich alles kaufen?

Im Nachhinein ist das eine völlig nachvollziehbare Einstellung, aber ich dachte den halben Tag, ich sei bei »Verstehen Sie Spaß« und wartete darauf, dass Kurt Felix endlich auf mich zukommt und mit dem Finger auf die versteckten Kameras zeigt.

Sie standen mit abgeschnittenen Jeanshosen vor mir und trugen ihren Helm verkehrt herum.

Beim Abendessen waren ihre Geschichten mächtig. Sie redeten ohne Punkt und Komma, alle lachten, alle berichteten von so schönen Erlebnissen. Ich saß da und schüttelte innerlich den Kopf. Ihre Euphorie verstand ich überhaupt nicht. *Wir haben doch noch gar nicht trainiert,* dachte ich mir. Tatsächlich hatten wir nicht einmal das Hotelgelände verlassen! *Ihr könnt doch nicht ernsthaft davon berichten, als hättet ihr Sport gemacht!*

Sie lobten mich und überschütteten mich mit Dankbarkeit. Ich verstand das alles nicht.

Nach drei Tagen fuhren wir die erste Tour: 10 km mit Leggins, Rucksäcken, Gucci-Sonnenbrillen und Lippenstift auf High-End-Rennrädern, die für Tour-de-France-Etappen konzipiert wurden. Nach 10 Kilometern machten wir eine Pause in einem Café und tranken Cappuccino.

Nach einer Stunde ging es die 10 km wieder zurück. Abends berichteten sie am Essenstisch von der Tour. Hätte ich sie nur reden gehört, hätte ich gedacht, sie seien Hunderte von Kilometern geradelt. Auf 20-km-Touren hielten wir mindestens zehn Mal an, weil das schöne Meer, eine tolle Blume oder ein kleiner Bach fotografiert werden mussten. Sie haben in der Kürze der Zeit anscheinend so viele Dinge gesehen und erlebt, wie ich früher selbst bei 200-km-Touren nicht.

So ging das drei Wochen lang und noch heute erzählen mir diese Damen, wie toll diese Erlebnisse damals waren und wie nachhaltig diese Reise ihr Leben verändert hatte. Ich saß abends immer nur kopfschüttelnd am Tisch, während sie von Erlebnissen wie aus 1001 Nacht erzählten. Mir kam das komplett albern vor, aber irgendwie war ich auch neidisch auf sie, weil sie trotz der geringen Leistungen (in meinen Augen) so viel Spaß an der Bewegung hatten und ich trotz so viel Einsatz eigentlich gar keinen Spaß am Sport mehr hatte.

Die Erinnerung an eine alte Liebe mit neuem Blick

Ich fuhr zurück nach Berlin und mir war endlich wieder klar, warum ich diesen Sport mal so geliebt hatte. Diese Frauen, diese Triathlon-Anfängerinnen, haben mir nachhaltig ein Lächeln ins Gesicht gezaubert und mir endlich wieder die Lust und den Spaß an sportlichen Bewegungen gezeigt.

Mir war endlich wieder klar, was für eine tolle Wirkung Sport und Bewegung auf das Wohlbefinden und auf die Gesunderhaltung haben. Dabei ist es völlig egal, wie lange oder wie schnell man Rad fährt. Hauptsache, man fährt Rad. Es ist völlig egal, wie gut man einen Wettkampf absolviert. Hauptsache man genießt ihn!

Bewegung an der frischen Luft erfüllte mich wieder.

Ich fing wieder an, zu trainieren. Doch ohne Stoppuhr, ohne Tacho, ohne Herzfrequenzgerät. Einfach nur, um mich zu bewegen.

In dem gleichen Jahr lernte ich einen Yogameister kennen und absolvierte eine Yoga-Ausbildung. Während der Ausbildung wurde mir klar, dass Sport ein Beschleuniger ist, aber nicht die Lösung selbst! Der wahre Kern der Gesunderhaltung ist die Einstellung, der Umgang mit sich selbst und das Mindset.

Ich fing an, mich in meinem Studium auf die Epigenetik und auf die Bewegungsanalysen zu spezialisieren. Die Epigenetik erklärt den Einfluss von Umweltfaktoren auf die Zelleigenschaften und den Aktivitätszustand von Genen und beschreibt so mögliche Wirkmechanismen auf zellulärer Ebene.

Ich lernte, dass der Weg zur Körperoptimierung ein ganz sanfter Weg sein kann.

Man muss beim Gehen dieses Weges nur alle Details beachten und betrachten.

Ich änderte meine Schlafgewohnheiten und wurde von der Eule zur Elster.

Ich optimierte meine Ernährung und meinen Wasserhaushalt.

Ich sanierte meinen Darm, reinigte meine Organe, spülte Nieren- und Gallensteine aus, ließ zwei Amalganblomben aus meinem Mund entfernen und beschäftigte mich mit der Wirkungskraft von Gedanken.

Ich fing an zu meditieren und manifestierte dabei mein neues Grundvertrauen und meine Dankbarkeit. Ich trainierte maximal halb so viel wie zu meiner Leistungssportzeit und wusste weder wie gut ich war noch wie gut andere aktuell waren. Ich verschlang unzählige Literatur und besuchte Expertenseminare.

Ein Jahr später entschied ich mich spontan, mal wieder an einem Wettkampf teilzunehmen.

Im Vorfeld machte ich mir wenig Gedanken über meine Leistung oder mein Abschneiden. Interessanterweise hatten meine Freund:innen mehr Bedenken als ich und versuchten, mich umzustimmen. Sie meinten, ich sei nicht fit genug für einen so langen Wettkampf und sie hätten Angst um meine Gesundheit.

Ich dachte mir nur: *Die leben doch nicht mein Leben.* Jeder lebt sein eigenes Leben und niemand sollte über das Leben eines anderen bestimmen.

Warum sollte ich also ein Leben in der Erwartungshaltung anderer leben? Und warum hatten sie Angst um meine Gesundheit? Angst kam in meinem neuen Denkansatz nicht vor.

Für mich ist ANGST die Annahme, negative Gedanken seien Tatsachen!

Also fuhr ich dort hin, so wie zu meinen Triathlon-Anfängen, zeltete und hatte einfach Spaß am Wettkampf.

Ich spürte die gesamte Zeit eine tiefe Dankbarkeit und war glücklich.

8:48 Stunden!!!

Ungläubig schaute ich auf die Uhr am Zielturm beim Durchlaufen der Finishlinie.

Steht da wirklich eine 8 vorne? Ich kann unmöglich in der besten Zeit gefinisht haben, die ich jemals erreicht habe!

Mir war klar, körperlich war ich zu diesem Zeitpunkt lange nicht so leistungsfähig wie zu meinen Leistungssportzeiten, aber mein Mindset und meine körperliche Basis waren völlig verändert.

Durch meine neue Beweglichkeit war es mir möglich, mich ökonomischer zu bewegen und schneller zu regenerieren.

Meine Ernährung war überwiegend basisch und so konnten sich keine Entzündungen oder Krankheiten in meinem Körper ausbreiten.

Durch meinen optimierten Wasserhaushalt hatte mein Körper genügend Pufferkapazität und konnte so alle Ansammlungen von Schlackestoffen ausleiten.

Meine neue Lebenseinstellung ersetzte mein mir damals selbstaufgelegtes Dogma. Meine Ernährung und mein Umgang mit mir waren ritualisiert und kosteten mich keine Energie mehr. Es war gefühlt alles selbstverständlich und im Fluss. Ich hatte keine Erwartungen. Weder an mich noch den Wettkampf, sondern freute mich auf das Erlebnis. Ich fühlte mich zu keiner Zeit am körperlichen Limit und genoss jede Minute.

Diese Komponente fehlt vielen Sportler:innen. In den meisten Trainer-Ausbildungen spielt die Pädagogik und Ganzheitlichkeit eher eine untergeordnete Rolle.

Diese Erfahrung gebe ich heute gerne weiter und helfe so Menschen, die Freude an der Bewegung zu finden bzw. zu behalten, wenn sie hohe Ziele verfolgen möchten. Denn wenn die Basis stimmt, kann körperliches Training ein wunderschöner Beschleuniger sein.

Wichtig dabei ist die genaue Abfolge einzelner Ausbildungsschritte. Viele Dinge bauen im Körper aufeinander auf und kein Schritt kann übersprungen werden.

Die Anpassungsgeschwindigkeiten sind von Mensch zu Mensch unterschiedlich, aber jeder Mensch muss jeden Schritt gehen – bis zur optimalen Version seines Selbst.

Ich kenne die Anpassungszeiten und jede einzelne Stellschraube auf diesem Weg und bin so zu einem optimalen Begleiter für solche körperlichen Persönlichkeitsentwicklungen geworden.

Psychologisch betrachtet können hohe Erwartungen immer nur enttäuscht werden, doch damals fehlten mir die Ruhe und der Abstand zu dieser Erkenntnis.

Rückblickend hatte ich zu meiner leistungsorientierten Zeit schon lange vergessen, warum ich mich für diesen Sport entschieden hatte. Ich machte den Sport ursprünglich, weil ich ihn liebte und nur die Freude an der Sache verleiht einem Flügel. Es sind häufig die Zufälle auf dem Weg, die einem Wachstum ermöglichen.

Ich spürte in meine damaligen Wettkämpfe hinein. Endlich konnte ich mich über die Ergebnisse freuen. Ich war mir meiner fantastischen Leistungen bewusst.

Ich fühlte mich nun in jeden Wettkampf hinein und änderte das Gefühl, mit dem ich diesen Wettkampf in Verbindung bringen wollte. Jetzt nehme ich nur noch ERLEBNIS-orientiert an Wettkämpfen teil und nicht mehr ERGEBNIS-orientiert.

Wenn mich heute jemand fragt, ob ich denn mit meinen damaligen Leistungen zufrieden bin, kullern mir immer noch die Tränen die Wangen hinunter und ich antworte:

»Zum Glück fragst du mich heute und nicht vor 20 Jahren!«

Erfolg folgt der Freude

Bianca Gabbey

Wenn wir eines sehr früh lernen, dann dass Erfolg das Ergebnis harter Arbeit und unbeugsamer Disziplin ist. Doch eine wesentliche Zutat wird in der heutigen Zeit oft übersehen – die Zutat, die das wahre Fundament für außergewöhnliche Leistungen bildet: die Freude.

Es ist eine tiefe Wahrheit, dass der Erfolg der Freude folgt. Eine Wahrheit, die Marcel in seinem Leben erfahren durfte. Sie ist weit mehr als nur ein subjektives Empfinden. Wissenschaftliche Studien untermauern diese These eindrucksvoll.

Forschungen aus der positiven Psychologie wie die »Broaden-and-Build«-Theorie[1] von Barbara L. Fredrickson zeigen auf, dass positive Emotionen wie Freude das Denkvermögen erweitern und die Kreativität steigern können.

Diese emotionalen Zustände ermöglichen es dem Gehirn, neue Verbindungen zu schaffen, und bereiten den Weg für

---

1 Vgl. https://www.ncbi.nlm.nih.gov/pmc/articles/PMC1693418/
pdf/15347528.pdf

innovative Lösungen und Ansätze. Darüber hinaus belegen weitere Studien[2], dass positive Emotionen die Resilienz gegenüber Stress verbessern und zu einer langfristig gesunden und leistungsfähigen Lebensweise beitragen.

Doch wie erreicht man diese Freude, besonders in einem Umfeld, das von Druck und Ergebnisorientierung geprägt ist? Die Antwort liegt im Wechsel des Blickwinkels: weg von den äußeren Ergebnissen, hin zum Erleben des aktuellen Moments und der momentanen Aktivität. Also was tust du? Wo bist du in diesem Moment?

Der erste Schritt ist ein tiefes Verständnis für dich selbst zu bekommen: Was bereitet dir Freude? Spannenderweise braucht eine ehrliche Antwort auf diese Frage oft Mut. Denn häufig entspricht die Antwort nicht der aktuell gelebten Wirklichkeit. Ja, es braucht Mut, den Status quo zu hinterfragen.

Im nächsten Schritt gilt es, eine Entscheidung zu treffen und einiges im Leben zu ändern. Nämlich zukünftig mehr von den Dingen zu tun, die Freude bereiten. Das heißt im Umkehrschluss: Dinge, müssen gehen – die Dinge, die keine Freude bereiten. Und ja, das kann Angst machen.

Denn der Beschluss, mehr Freude zu haben, bedeutet, dass Routinen geändert und Prioritäten neu geordnet werden müssen und du dir selbst die Erlaubnis geben musst, Spaß zu haben. Ein Preis, der es wert ist, gezahlt zu werden. Denn es erwartet dich mehr Erfolg.

---

2   Vgl. https://www.ncbi.nlm.nih.gov/pmc/articles/PMC1201429/.

Erinnere dich: Welche der Dinge, die du mit Freude in deinem Leben gemacht hast, sind schiefgegangen? Ich wette: keine. Denn was wir mit Freude tun, tun wir mit Erfolg.

Noch ein wichtiger Tipp für dich: Um diese neue Lebensphilosophie nachhaltig leben zu können, umgib dich mit Menschen, die ihr Leben in Freude und Erfüllung leben und leben wollen. Bestärkt von einer gleichgesinnten und positiv ausgerichteten Gemeinschaft wird es dir viel leichter fallen, dein Leben in Freude und mit Erfolg zu gestalten.

Sieh dieses Kapitel als Einladung, deinen Weg zum Erfolg mutig neu zu gestalten. Ein Weg, der nicht durch mehr Anstrengung, sondern durch Freude gestaltet wird.

Erfolg folgt der Freude – ein Leitsatz, der in seiner Einfachheit bestechend und in seiner Anwendung tiefgreifend und verändernd ist. Er ist eine Aufforderung an dich, deine Vorstellungen von Erfolg zu überdenken. Er ist die Chance, dich den Möglichkeiten zu öffnen, die sich ergeben, wenn du deine Tätigkeiten nicht mehr als Mittel zum Zweck, sondern als Quelle echter Freude betrachtest.

Folge diesem neuen Gedanken auf deinem neuen Weg zum Erfolg und zum erfüllten Leben.

Das ist
Doreen Brumme

Wohnort Hamburg

Alter 52

Webseite
doreenbrumme.de

Was machst du beruflich?
Politologin M. A. |
Journalistin | Autorin
| Bloggerin | Texterin |
Ghostwriterin

Was zeichnet dich persönlich aus? Ich zieh's durch.

Welches Tier wärst du? Biene

Wie ist deine familiäre Situation? verheiratet seit 28 Jahren und #motherof4

Lieblingszitat/Motto Carpe diem – und die Nacht. Deadline is coming.

Bin ich die, die ich sein möchte?

Doreen Brumme

[A story of a trip. A heavy trip. A trip to me, myself and I]

.

Ende.

B. und E., die Hauptfiguren des Romans in meiner Hand, sind glücklich.

Happy am Ende.

Ihren Weg ins Glück kenne ich in- und auswendig. Ich begleitete sie unzählige Male. Ihre Geschichte las ich so oft wie keine andere. Sie war mir immer ein Vergnügen. Immer und immer wieder. Mitlieben. Mithassen. Mitleiden. Mitweinen. Mitlachen. Ein, zwei Mal im Jahr reise ich mit B. und E., während ich auf dem Sofa oder im Bett liege. Eine liebgewonnene Gewohnheit.

Ich habe sehr viele Bücher. Regale und eine digitale Wolke voll davon. Lesen ist für mich Auftanken. Ich tanke, seit ich lesen kann. Lesen füllt mich mit Wissen, Erfahrung und Gefühl. Lesen ist mir das Liebste, um Lebenszeit mit mir zu verleben. Das Liebste, um Auszeit zu füllen. Lesen ist me.

Nur vollgetankt, also vollgelesen, kann ich Tag für Tag Buchstaben zu Wörtern, Wörter zu Sätzen, Sätze zu Texten und Texte zu Büchern aneinanderreihen und die Geschichten derer erzählen, die es selbst nicht vermögen. Das Schreiben ist meine zweite Leidenschaft. [And my way, die Welt zu bewegen.]

Geleert

.

Ende.

B. und E. sind glücklich.

Happy am Ende.

Wieder einmal.

Ich fühlte mich nach dieser Auszeit auch wieder happy – und am Ende.

Doch das Happy hielt nicht lange vor.

Ich war nur noch am Ende. [Heute weiß ich, das war erst der Anfang vom Ende.]

Nachdem mich B. und E. ein weiteres Mal in einer Auszeit begleiteten, las ich in den folgenden Wochen und Monaten nur, was jobrelevant war. Kein Buch mehr für mich. Das volle Leben um mich herum erfüllte mich irgendwie nicht. Leere machte sich breit. Sie waberte in meinem Kopf, in meinem Herzen, in meinem Bauch. Ich machte und tat, was ich immer machte und tat. Und weil das gewohnte Machen und Tun nichts gegen die sich in mir ausbreitende Leere brachte, machte und tat ich mehr davon. Immer mehr davon. In der Hoffnung, die Tanks zu füllen. Doch diese leerten sich zusehends. Mit jedem Tag. Längst war der Füllstand ein Leerstand. Hatte mein Tank ein Leck? War ich kaputt? Tankte ich den falschen Treibstoff?

Ich fürchtete, die Leere nicht für mich behalten zu können. Aus der Furcht wurde Angst. Irgendwann kostete mich das Festhalten der Leere mehr Gedanken- und Körperkraft als der Alltag. Und der war vollgetankt schon eine Herausforderung – erst recht unter pandemischen Bedingungen. Ich schaltete um. Auf Reserve. Ich erfüllte die mir selbst auferlegten Aufgaben. Familie. Job. Der lief besser denn je. Ich hatte viele Aufträge, zum Glück. Zeit für mich blieb da kaum.

Und das, was blieb, nahmen mir politische Entscheidungen, die uns Eltern plötzlich gesamtgesellschaftliche Aufgaben auferlegten. Schule fand als Homeschooling pandemiebedingt neben mir auf dem Sofa statt, das immer mein Homeoffice war und es bis heute ist. Die Freizeit der vier Kinder zwischen sieben und siebzehn wurde in die eigenen vier Wände gesperrt: Wir hatten zu sechst plus Katze drei wie zwei Räume. Rund um die Uhr. Kein Rückzug. Für keinen von uns. Ich wirkte im Akkord: als Journalistin, als Lehrerin, als Mutter, als Partnerin, als Haushaltsmanagerin.

Und bei alldem stand mir die Leere längst bis zum Hals. Ich war randvoll gefüllt damit. Nur nichts davon rauslassen!

Ich tankte. Und ich tankte. In Momenten der Gemeinsamkeit, der Zweisamkeit, der Einsamkeit. Ich tankte mit jedem Sinn, mit jeder Pore. Ich halste mir alles auf, was sich aufhalsen ließ. Ich war ganz Ohr für die große weite Welt da draußen und die kleine enge Welt um mich herum. Und doch blieb ich leer. Keine Resonanz.

Verzweifelt stürzte ich mich eines Abends dann doch wieder in die Welt von B. und E. Ich raste eine Nacht lang durch ihre Geschichte. Ich tankte. Doch mein bester Treibstoff bewirkte kaum mehr Antrieb. Ich kannte es, antriebslos zu sein. Ich trage etliche Erinnerungen an antriebslose Zeiten in mir: Der Montagmorgen im Januar, an dem mein Erzeuger vor mir, der Neunjährigen, abrupt die Straßenseite wechselte, um mir nicht in die Augen schauen zu müssen, nachdem er am Sonntag als Vater aus meinem Leben ausgezogen war. Der Mittwochmittag im April, an dem mein Hautarzt mich, ich war Ende 20, in der Redaktion anrief und zu sich bat, um mir persönlich meine Krebsdiagnose mitzuteilen. Der Donnerstagabend im Oktober, an dem meine Kinderwunschärztin mir meine elfte Fehlgeburt bescheinigte. Das waren wahre Antriebskiller. Doch anders als die gefühllose Leere, die ich jetzt empfand, waren diese Lebenszeiten stets mit einem Mix aus Trauer, Traurigkeit, Schmerz, Sehnsucht, Wut, Angst und viel Fühlbarem gefüllt. Ich fühlte und trieb mich weiter. Wurde ich gefragt: »Und, was machst du jetzt?«, antwortet ich mit dem Einzigen, was mir blieb: »… weiter.«

Jetzt war ich leer. Kein Weiter in Sicht.

Ich las bis zum Morgen, wie B. und E. sich fühlten. Doch ihre Gefühle bewegten mich nicht mehr. Die Leere pufferte jeden Widerhall in mir. Kaum war ich auf der letzten Seite angekommen, blätterte ich zurück und begann, von vorne zu lesen. In einer Endlosschleife. Fast ein Jahr lang. Doch mein bisher bester Treibstoff blieb wirkungslos. Null Antrieb. Kein Vorwärts. Stillstand. Rückstand.

Ich schaffte es nicht, die Leere in mir zu halten. Sie drückte und drückte. Es gab keinen Knall, mit dem ich sie entlud. Eher fühlte ich sie stetig entweichen. Mit einem

Wort. Mit einem Blick. Mit einer Geste. Ich hoffte auf ein schnelles Ende, fühlte ich mich doch längst dort. Doch die Leere nahm kein Ende.

Das spürte ich.

Jedes alltägliche Machen und Tun wurde schwer, schwerer, zu schwer. Das Schlimmste in meiner Vorstellung wurde plötzlich greifbar: Mein Leben überlastete mich. Weitermachen ging nicht.

Doch meine Leere kam nicht von außen.

Sie wuchs in mir, auch das spürte ich. Eine Erkenntnis, die trifft. Ganz tief. Ich konnte nicht vor ihr davonlaufen.

Ich musste etwas tun. Ich wollte mein Leben nicht der Leere überlassen.

»Wer bin ich?«, fragte ich mich.

Mit leerem Blick konnte ich mich nicht mehr sehen. Mit leerem Herz konnte ich mich nicht fühlen, nicht lieben – nicht hassen.

»Wer will ich sein?«, fragte ich mich. Keine Vision kam auf. Es gab nur völlige Leere.

Ich war am letzten Ende vom Ende. Mir blieb nur ein Neuanfang.

Gereizt

Coach B. ist eine, die mir auffiel. Berliner Schnauze. Direkt. Laut. Sie war mir auf Facebook schon mehrmals über den Weg gelaufen. Sie faszinierte mich. Obwohl sie absolut nicht meine Typin ist [Bunt prallt hier auf Hamburger Graublau], wollte ich mit ihr zu tun haben. Ihre Energie kam in Wellen zu mir, die etwas in mir in Schwingung versetzten. Aus den klitzekleinen Teilchen, die ich von ihr in Social Media fand, puzzelte ich mir mein Bild zusammen. Ich recherchierte. Ich wurde Teil ihrer Online-Bubble. Ich beobachtete sie und einige derer, die sie coachte. Und was ich sah, passte zu meinem Bild. Coach B. hatte etwas, was ich nicht hatte. Aber gerne hätte. Sie war auf einer Reise, die mich reizte. Sie bot sich mir als Reiseleiterin an – nicht vom Ziel aus, sondern von unterwegs! [Das gab den Ausschlag dafür, dass ich ihr Angebot überhaupt erwog.] Für eine Reise, die mir ein Weitermachen ermöglichte. [Damals dachte ich noch an ein Weitermachen wie bisher!]

Ich nahm Kontakt zu Coach B. auf. Im November, die farblose Leere in mir verband sich gut mit dem Grau des Hamburger Nachmittags, sprach ich zum ersten Mal persönlich mit ihr. [Mir glüht heute noch das Ohr.]

Ich weiß den genauen Wortlaut unseres Gesprächs nicht mehr. Doch ich erinnere mich an die Gefühle, die es in mir auslöste. Mir wurden keine Versprechungen gegeben. Kein von Null auf Hundert. Stattdessen stellte Coach B. mir viel Arbeit in Aussicht. Auf ihr exklusives Angebot ging ich nicht sofort ein. Ich schlief eine Nacht drüber [Von wegen! Tatsächlich habe ich die Nacht durchgegrübelt] und morgens sagte ich das Coaching zu.

Per WhatsApp:

»Ich mach's!«

Danach blieb mir kurz die Luft weg. Schweiß floss mir aus allen Poren. An Schlafen war drei Nächte in Folge nicht zu denken: Ich hatte nie zuvor im Leben so viel Geld in mich gesteckt.

Gestartet

Meine Reise mit Coach B. begann schon vor der eigentlichen Abfahrt. Ich erhielt die Reiseunterlagen und die Möglichkeit, die ersten Stationen schon auf eigene Faust zu erkunden, bevor wir diese als Gruppe ansteuern würden. Das war das Beste, was Coach B. für mich machen konnte. Denn so konnte ich schon etwas tun – und mich aus der Mulmigkeit herausbewegen, in die ich mich mit dem Bezahlen des Coachings gestürzt hatte. [Selbstgewähltes Schicksal, schon klar.]

Wer macht, der verändert. Wer nicht verändert, der akzeptiert, was ist. Ich wollte mich nicht so leer akzeptieren, also musste ich mich verändern.

Meine noch Coach-B.-lose Beschäftigung mit den ersten Stationen der Reise weckte neue Zweifel in mir. Hätte ich mir das nicht auch einfach anlesen können?

Nein!

Hätte ich nicht.

Gebunden

Das bestätigte mir schon die erste Begegnung mit Coach B. und meinen Mitreisenden. Wir waren eine bunte Mischung aus einem Dutzend Frauen und zwei Männern, die sich wöchentlich für gut zwei Stunden via Zoom traf, um – immer im Wechsel – gemeinsam eine Lektion des Coachings zu absolvieren und in der folgenden Woche deren Umsetzung in unserem Alltag zu diskutieren.

Der erste Zoomcall räumte einen Großteil meiner kräftig an mir nagenden Zweifel daran aus, dass das Coaching von Coach B. das Richtige für mich ist und ich die Richtige für das Coaching bin. Ich fühlte mich entgegen meiner Annahmen angenommen. Schuld daran war Coach B. Die besitzt nämlich die Fähigkeit, jeden von uns in seiner Eigenart zu sehen – eine:n neben der:m anderen. [Coach B. entgeht fast nichts!] Und sie wäre nicht sie, beließe sie es beim Hinschauen, Sehen und Verstehen. In einem Zoomcall mit Coach B. musst du bei jedem Augenbrauenhochziehen, Naserümpfen, Schulterzucken, Mundaufmachen [und schnell wieder schließen, weil sie deine Frage schon intuitiv beantwortet] damit rechnen, dass sie innehält, dich anschaut [und nur dich – wie sie das hinkriegt, weiß ich bis heute nicht] und fragt: »Doreen, was is'n?« Und dann sitzt du da und musst dich öffnen. Die Hosen runter [im Zoomcall kein Problem, sieht ja niemand was von dir unterhalb der Gürtellinie] und deine Gedanken rauslassen. Ohne zu sortieren, ohne zu filtern, dafür ist keine Zeit. Und dann fragt [bohrt] Coach B. nach. Sie lässt dich nicht los. Sie hält dich und stützt. Schiebt dich und zieht. Solange wie du brauchst, um aus eigener Kraft heraus zu sehen, was dieser Moment an Coachingerkenntnis für dich bereithält. Am Ende [ganz großes Kino!] dieses individuellen Umkümmertwerdens fühlst du dich ausgewrungen wie ein Waschlappen – und nicht nur du. Allen anderen am Bildschirm geht es genauso.

Das heißt, du trainierst mit Coach B. direkt am Gruppen-Mindset, direkt am eigenen Mindset und indirekt am individuellen Mindset der anderen mit dir Mitgecoachten. Der Effekt ist massiv. Denn Coach B. geht ans Eingemachte. Lange unscheinbar verheilte oder auffallend hässlich vor sich hin schlummernde Narben? Ein Fressen fürs Coaching!

»Was is'n das?« Und schon beginnt die Arbeit: »Warum puckert die Narbe denn immer noch?« Coach B. macht nicht Halt, bis sie mit dir gemeinsam deinen Kern freigelegt hat. Dass das nicht ohne Schmerzen geht, ist klar. [Taschentücher sind ein Must-have für die Onlinetrainings.]

Ganz ehrlich: Der wöchentliche Zoomcall besaß maximale Anziehungs- wie Abstoßungskraft. Ich war mehr als einmal drauf und dran, mich nicht zu zeigen. [Sich an einem schlechten Tag auseinandernehmen zu lassen, hat schließlich etwas Masochistisches.] Doch Coach B. blieb nie beim Auseinandernehmen. Sie ließ niemanden von uns auseinandergenommen zurück. Sie blieb dran, gab Raum und hielt ihn. Raum zum Jammern, zum Leiden, zum Verabschieden, zum Loslassen, zum Trauern … [Für viele von uns Coachees war es das erste Mal, dass jemand uns in unserem Erwachsenenleben auf diese Weise Raum für unseren Schmerz gab.] Und wer das Gefühlskarussell für dieses Mal hinter sich hatte, dem wurde geholfen: mit dem einen oder anderen Tool aus der Coachingtasche. Coach B. zeigte dessen Handhabung vor und legte es dir dann direkt vor die Nase. »Nu mach ma …!« Denn machen musst du selbst – nur so geht Selbstermächtigung.

Gesehen

Alle von uns wünschen sich, gesehen zu werden. Als die, die sie ist. Als der, der er ist. Doch wer gesehen werden möchte, muss sich zeigen. Als die, die sie ist. Als der, der er ist.

Ein Coaching kann dabei helfen. Denn es bietet einem eine Gelegenheit zur Selbstreflexion. In unserer auf Bestleistung und Höchstprofit ausgerichteten Welt, die uns einen immer schnelleren Lebenstakt abfordert, wenn wir mithalten wollen [und das müssen die meisten von uns] – ist eine solche Gelegenheit rar. Und das ist etwas, was viele unterschätzen. Sie ist das Tool, das man braucht, um zu erkennen, wer man ist.

Das Coaching wirkt dabei wie eine Augenwäsche. Du lernst, dich zu sehen, so, wie du dich der Welt wirklich zeigst. Achtung: Wirklichkeit [IST] und Wunsch [SOLL] liegen mal mehr, mal weniger auseinander! Befreit von allen wovon auch immer verursachten Schleiern, Filtern und Verzerrern, die dir den klaren Blick auf dich mit den Jahren nahmen – teils, ohne dass du's gemerkt hast [Überraschung!] – erkennst du plötzlich dich. In echt. [Wow! und Au! sind dir garantiert!]

Das Augenwaschen und Hinsehen ist mühsam. Und braucht Zeit. Denn nur die wenigsten von uns Erwachsenen haben noch einen guten Draht zu sich selbst. Zu dem, was in unserem tiefsten Inneren steckt – fast all unsere Leitungen sind nach außen gerichtet und dort verknüpft. Sie tagtäglich zu bedienen [senden und empfangen], lässt kaum Zeit, mal in sich hineinzuhören oder hineinzuschauen und sich zu fragen: Who am I?

Das führt dazu, dass sich bei vielen die Verbindung zu sich selbst verschlechtert. Mitunter gar unterbrochen wird. Das Außen zieht und zerrt und presst alles aus uns heraus. Schlecht oder gar unverbunden verlieren wir uns früher oder später ganz in uns. Dann rennen wir nur noch den Impulsen von außen und damit deren Gebenden hinterher. Wir rennen und rennen und stolpern und fallen und stehen wieder auf und rennen noch schneller [um wieder Anschluss zu finden] – bis wir schließlich ganz aus der Puste sind. Wer dann noch immer nicht innehält und sich weiterhetzt, überschreitet schnell die Grenze zwischen Gut und Böse [gesund und ungesund]. Auch das vermittelt dir Coaching dann: Du gehst über deine gesunden Grenzen und wirst damit zu deinem eigenen Energieräuber. Du bremst dich selbst. Du machst dich krank.

Ein Coaching zeigt dir aber nicht nur, wer du unter all den Lebensschichten in Wahrheit bist, sondern auch, wie du dich wieder mit dir selbst verbindest – um wieder wahrhaftig zu werden und dein Leben wahrhaft zu leben. Sichtbar. Weil du dich siehst. Weil du dich spürst. Weil du dich verstehst. Weil du im Einklang mit deiner Wahrheit handelst. Weil du dir dich erlaubst.

Und das Sich-neu-Verbinden mit sich selbst tut mitunter ebenso weh, wie die Selbstreflexion zum IST vorher. Denn plötzlich zu erkennen, wovon man im Kern seines Seins träumt, was man sich aus tiefstem Inneren heraus wünscht [SOLL], und zugleich zu verstehen, dass man selbst es auch war, die oder der irgendwann aufgehört hat, zu träumen und zu wünschen, und so dafür sorgte, dass IST und SOLL nicht mehr übereinstimmen, das knallt ordentlich rein. [Deepmindfuckingshit vom Feinsten.]

Mit dem im Coaching geklärten Blick auf dich und deine Wahrheit hast du deine Energiequelle gefunden. Du weißt, was dich treibt. Du weißt, wohin es dich treibt. Du kennst dein Ziel. Kurz: Du bist damit startklar für den Neuanfang!

Gezielt

Mit meinem Ziel vor Augen – weniger Druck im Alltag, mehr Zeit für mich und das, was mir lieb ist, eine 6- statt der 7-Tage-Arbeitswoche – stand ich an der Ziellinie und wartete auf den Startschuss von Coach B. Die fragte mich jedoch zunächst: »Bist du dir sicher, dass das dein Ziel ist?« Ich war mir sicher. Doch Coach B. forderte: »Wähle ein großes Ziel! Größer! Noch größer! Nimm das größte!« Mit hängenden Schultern machte ich mich auf die Suche nach meinem wahrhaften Ziel. Parallel beschäftigten wir uns im Coaching wochenlang mit dem Wesen von Zielen und ihrer Wirkung auf uns. Ich lernte: Ein Ziel, das dich vor Freude und Angst zugleich erzittern lässt, hat das Zeug, dass du zu seinem Erreichen über dich hinauswachsen musst. Denn du musst die Terrorbarriere überwinden, die die Komfortzone begrenzt. Wachstum geschieht außerhalb deiner Komfortzone. Und darum geht's: immer wieder um die Zentimeter, die du beim Überwinden deines Terrors wächst. Nur dein Wachstum bringt dir Veränderung.

Eines Morgens wachte ich auf und glaubte, ganz sicher zu wissen, was ich wirklich wollte. »Bestsellerautorin!? Das ist ein großes Ziel. Aber du hast schon einen Bestseller geschrieben, Doreen. Du weißt, wie's geht. Träume größer! Erlaub es dir!« – Coach B. blieb unerbittlich. Und ich zog wieder ziellos von dannen.

Was war mein wahrer Schmerz? Woraus resultierte meine Leere? Immer und immer wieder fragte ich mich das. Und ich näherte mich dem Ursprung des Schmerzes. Langsam kristallisierte er sich heraus.

Dann überschlugen sich die Ereignisse. Kein Wunder, das

Universum lieferte mir alles, was ich zwischenzeitlich bestellt hatte. Ich lernte: Je klarer ich meinen Wunsch formulierte, desto besser.

Mein Schmerz – und damit mein größter Wunsch: ihn zu behandeln, wie ich schließlich herausfand –resultierte gar nicht aus meinen 100 Prozent im Job, sondern hatte seine Quelle in einer ganz anderen Ecke in meinem Leben. Während ich also noch meinen Mind komplett shiftete, erhielt ich schon den Auftrag für mein zweites Buch. Das dritte zeigte sich bereits am Horizont. Die Welle kam und ich war bereit dafür. Ich nahm sie mit einer Leichtigkeit, die ich schon lange nicht mehr gespürt hatte. Buch zwei und drei waren in Rekordzeit fertig.

Getrennt

Monatelang arbeitete ich von früh bis spät und oft auch noch bis später. Von weniger als einer 7-Tage-Woche konnte keine Rede sein. Doch ich war im Flow. Es fiel mir leicht. Ich fühlte mich energetisiert. Ich spürte das Knistern, sah die Blitze und wusste, dass ich diese hohe Schlagzahl einfach brauchte. Mit ihr fühle ich mich wohl. Sie bringt mich zum Strahlen. Weniger ist nicht immer mehr – das ist meine Lektion.

Es ging nicht um weniger als 100 Prozent im Job, um weniger als 100 Prozent in der Familie, um weniger als 100 Prozent ich. Jedes Weniger würde der Leere nur mehr Platz in meinem Raum geben. Es ging darum, die Leere liebevoll in ihre Schranken zu verweisen: »Du bist da. Ich sehe dich. Ich spüre dich. Du bist und du darfst sein. Ich liebe mich und ich liebe dich. Du bist ein Teil von mir. Doch du darfst mir nicht die Luft zum Atmen nehmen. Nicht mehr.«

Was wir brauchten, war eine Wand!

Eine Trennwand.

Die musste ich einziehen. In meinem Leben. In meinem Raum. Mit einer Tür. Deren Klinke jede von uns beiden drücken kann, wann immer, warum auch immer. Ich versorgte so meine Leere und mit ihr den Schmerz, der sie unermüdlich produzierte. An seine Quelle kam ich nicht ran. [Noch nicht.] Erste Hilfe war das jetzt. Zweite und dritte. Liebevoll gab ich meiner Leere einen Raum. Ihren Raum. Nah bei mir. Und doch mit einer Wand zwischen uns, an der wir beide – mitunter Rücken an Wand und Wand an Leere – wachsen dürfen. Jede für sich. Keine einsam, sondern wir zwei zweisam. Keine ohne die andere.

Mit der Akzeptanz dessen gewann ich an Klarheit.

Und dank meiner Learnings aus dem Coaching übertrug ich die Klarheit auf mein ganzes Leben. Den Mind zu shiften, das braucht Beharrlichkeit. Umdenken geschieht, indem du deine Gedanken umlenkst. Bewusst.

Immer. Und. Immer. Wieder.

Sobald du darin nachlässt, droht die Gefahr, wieder in altbekannte Denkmuster zu verfallen.

Geändert

Noch bin ich mit dem Ganzen nicht durch. Doch der Change ist im Gange: Ich sitze viel in meinem Raum und wende mich meiner Leere zu. Hinter der Wand. Ich fühle meinen Schmerz, aus dem sie quillt.

Wenn meine Leere hinter der Wand leise vor sich hin weint, laut vor sich hin schimpft, enttäuscht an der Wand kratzt oder wütend gegen die Tür tritt, dann öffne ich ihr die Tür. So vertraut. So gewohnt. Und lasse sie nah an mich ran. Ganz nah. Ich spüre, wie sie meine Wangen, meinen Hals streift. So liebevoll. Hautnah. Und aus der Nähe wächst mir die Kraft, sie zu halten, zu trösten, zu beruhigen – uns beiden ein Lächeln auf die Lippen zu zaubern. Erst mir, dann ihr. Spiegelbild. Und dann trage ich sie zurück in ihren Raum, bette sie in ihre Kuschelecke, erzähle ihr eine Feel-good-Geschichte, stupse sie noch einmal und drehe mich um. Ich gehe. Schritt für Schritt. Ich schließe die Tür hinter mir, ohne sie zu verschließen. Um mich zu schützen. Ich grenze mich von meiner Leere ab, ohne die Verbindung zu ihr zu kappen. Ich bleibe ihr verbunden und gebe ihr ihren Raum. Und nehme mir meinen.

Vielleicht schaffe ich es eines Tages, meiner Leere aus meinem Lieblingsroman vorzulesen. Ich glaube, ihr würde das gefallen. Denn sie würde sich darin wiederfinden und erkennen [smarte Bitch, die sie ist]. Doch noch ist es zu früh für ein Treffen zwischen ihr und E. und B.

Die Leere hatte viel in mir verdrängt.

Genug

Raum für Fülle.

Jeden Tag aufs Neue tausche ich inzwischen etwas von dem Nichts, das sie hinterließ, gegen pralles Leben.

Balance ist mein Ziel.

Es gibt Stunden, die zu Tagen und mitunter Wochen werden, wo ich gegen das Nichts nicht ankomme. Doch das lässt mich nicht mehr verzagen. Ich verzweifle nicht mehr daran. Ich nehme meine Leere dann für den Moment als stärker an. Sie ist Teil meines Selbst. Ich bin stark. Stark genug für beides: Fülle und Leere. Und ich erlaube mir, mich auch mal leerer als voll zu fühlen. Ich weiß, dass ich meiner Leere Raum und Zeit geben muss. Ich weiß jetzt, wie ich sie in ihre Schranken verweise.

Ich weiß, wer ich bin. Ich bin voller Leben und trage eine Leere in mir, die zu mir gehört. Sie darf da sein. Ich darf sie fühlen. Ich darf mit ihr sein. Ich bin wir und darf wir sein. Denn: Ich bin genug.

P. S.: Nach gut einem Jahr Lesen der Story von B. und E. in Dauerschleife konnte ich das Buch endlich aus der Hand legen. Und neue Bücher aufschlagen. Ganz viele. Und Lesen hilft mir – wie immer! Noch verspüre ich keine Sehnsucht nach B. und E [die Überdosis wirkt nachhaltig]. Aber ich denke inzwischen wieder ganz liebevoll an mein Lieblingsbuch.

Die Kraft deiner Gedanken: Gestalte deine Wirklichkeit

Bianca Gabbey

Unsere Gedanken sind weit mehr als Eingebungen oder elektrische Signale. Sie formen die Grundlage unserer Realität. Eine Wahrheit, die Doreen in ihrem Leben tiefgreifend erfahren durfte. Sie hat bewusst neue Denkweisen kultiviert und so ein neues Erleben kreiert.

Doch wie genau bewerkstelligt man eine solche Transformation?

Betrachten wir die Gedankenwelt mal genauer. Denn sie spiegelt nicht nur unser gegenwärtiges Bewusstsein wider; sie erschafft unsere Wirklichkeit. Unsere Gedanken prägen unser Unterbewusstsein, das wiederum unsere Handlungen beeinflusst. Diese Handlungen bestimmen unsere Erlebnisse und somit unsere Realität. Ein stetiger Kreislauf aus Ursache und Wirkung, den wir unser Leben nennen.

Durch die bewusste Lenkung unserer Gedanken können wir einen positiven Einfluss auf unsere Lebenssituation nehmen und das Leben gestalten, von dem wir träumen.

Neurowissenschaftliche Forschungen bestätigen das. Die Neuroplastizität[3], also die Fähigkeit des Gehirns, sich zu verändern und anzupassen, zeigt, dass deine Gedanken physische Veränderungen in deinem neuronalen Netzwerk hervorrufen können. Wenn du deine Gedanken also bewusst in eine positivere Richtung lenkst, stärkst du diese neuronalen Verbindungen und förderst eine optimistischere Denkweise.

Nun tritt dein Unterbewusstsein auf den Plan: Es fungiert als gewissenhafter Ausführer deiner Gedanken in die Wirklichkeit. Heißt: Alles, was in deinem Unterbewusstsein eingeprägt ist, führt zu automatischen Handlungen. Manche davon merkst du gar nicht. Geprägt wird es durch die Dinge, die du wiederholt denkst und tust.

Dein Unterbewusstsein reagiert also stark auf die Inhalte, denen du deine Aufmerksamkeit schenkst. Konzentrierst du dich auf Positives und denkst positiv, so richtest du deine Aufmerksamkeit automatisch auf die guten Aspekte deines Lebens – und tust andere Dinge, als wenn du negative Gedanken hast. Diesen Mechanismus kannst du bewusst zu deinem Vorteil nutzen.

Ein weiterer entscheidender Faktor für ein erfülltes Leben ist das Gesetz der Anziehung. Kombinierst du es mit deinen Gedanken, verfügst du über alle Werkzeuge, um dein Traumleben zu gestalten. Deine Gedanken senden als elektrische Impulse Schwingungen aus, die wiederum ähnliche Energien anziehen.[4] Indem du deine Gedanken auf Positives ausrichtest, sendest du positive Schwingungen aus, die

---

3   Vgl. https://www.mpg.de/10964430/mpin_jb_20161.

4   Vgl. https://www.geo.de/wissen/gesetz-der-anziehung--gedanken-steuern-den-erfolg-32704410.html.

positive Ereignisse und Erfahrungen in dein Leben ziehen. Diese Konzeption findet auch in der Quantenphysik Bestätigung, die verdeutlicht, wie deine Beobachtungen die Realität beeinflussen.

Wie kannst du diese Einsichten in die Praxis umsetzen?

Nutze die Visualisierung. Indem du dir ein klares inneres Bild von deinen Zielen machst, gibst du deinem Unterbewusstsein eine klare Richtung vor – ähnlich der Eingabe eines Ziels in dein Navigationsgerät. Es liefert dir präzise Anweisungen, wie du dein Ziel erreichen kannst.

Entwirf positive Affirmationen, um deine Gedankenwelt zu formen. Durch das wiederholte Aussprechen positiver Sätze kannst du dein Unterbewusstsein auf Erfolg, Glück und Wohlstand programmieren.

Lege fest, wie es ausgeht.

Ein weiterer Ansatz, dein Leben positiv zu beeinflussen, ist das gedankliche Vorwegnehmen zukünftiger Situationen. Stelle dir vor, wie du eine wichtige Verhandlung erfolgreich führst, wie alle Beteiligten zufrieden auseinandergehen. Es ist entscheidend, diese Situation so lebhaft wie möglich zu empfinden, als würde sie gerade stattfinden. Dein Unterbewusstsein unterscheidet nicht zwischen real erlebten Situationen und gedanklich vorweggenommenen – doch dein Auftreten wird geprägt sein von Selbstsicherheit und Optimismus.

Studien aus der Positiven Psychologie, etwa von Seligman[5], unterstreichen die Bedeutung positiver Gedanken für

---

5 Vgl. https://www.researchgate.net/publication/11946304_Positive_Psychology_An_Introduction.

das allgemeine Wohlbefinden. Sie belegen, dass Menschen mit einer optimistischen Denkweise nicht nur resilienter gegenüber Stress sind, sondern auch ein zufriedeneres Leben führen.

Indem du gezielt positive Gedanken kultivierst, legst du das Fundament für ein erfülltes und erfolgreiches Dasein.

Das ist
eike
wendland

Wohnort berlin

Alter 47

Webseite
www.eike.studio

**Was machst du
beruflich?**
creative producer &
typoartist

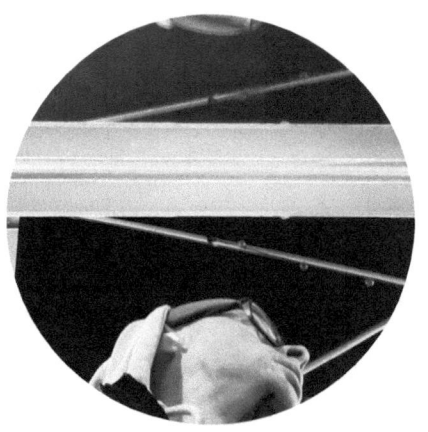

**Was zeichnet dich
persönlich aus?**
mein großes herz, meine
kreativität

Welches Tier wärst du? pinguin

Wie ist deine familiäre Situation? ich bin single und lebe
mit meinen beiden söhnen (13 und 18 jahre) zusammen

Lieblingszitat/Motto
»er dachte einige zeit nach: dann sprach er weiter:
›man darf nie an die ganze straße auf einmal denken, verstehst
du? man muß nur an den nächsten schritt denken, an den
nächsten atemzug, an den nächsten besenstrich. und immer
wieder nur an den nächsten.‹« (aus Michael Ende: Momo)

talk to me nice.

eike wendland

180 km mit gegenwind – von der oder bis nach teterow. sonne und gegenwind. im licht der untergehenden sonne sitze ich grinsend an der gewärmten hauswand am ziel und atme tief durch. ich habe es tatsächlich geschafft. hundertf***ingachtzig kilometer mit sonne im rücken und gegenwind und das sind nicht die einzigen, die ich dieses jahr fahren werde. meine beine spüre ich so stark, dass sie schon fast taub sind. es ist sommer 2023. das puzzle meines lebens sortiert sich langsam wieder vor meinen füßen. am ende des jahres habe ich mich wiedergefunden, mein selbstbewusstsein, meinen glauben an mich, meine kraft. ich bin noch nicht ganz da, wo ich sein will, aber ich habe eine unfassbare strecke zurückgelegt, mit gegenwind und sonne im rücken. ich lebe mein dasein als künstler und produktionsallrounder, mein prozess läuft. ich stehe endlich zu meiner kunst, sehe mich als künstler mit meinen typopostern, bin dabei, meine ausstellung zu formulieren, und arbeite an neuen bildern.

meine andere seite – produktions-allrounder – wächst gerade aus mir heraus: mit meinem wissen und meinen erfahrungen aus den letzten 20 jahren, mit agenturerfahrung, ladenbau, holzbau, messe-organisation. ich habe tatsächlich mal eine beauty-fair mit einem großen media-unternehmen aus dem boden gestampft. ich war sechs oder sieben jahre mit zwei musikern als produktions- & tourmanager unterwegs. ich weiß, wie lang nächte sein können. wie man organisiert und beim aufbau nur noch grinsend mit dem kaffee am rande steht, weil der laden läuft und der künstler entspannt seinen soundcheck machen kann. das alles habe ich gesammelt, neben dem wissen um materialien und menschen, die profis auf ihrem gebiet sind. jetzt kann ich sie verbinden und für neue projekte zusammenbringen. ich bin der enabler; der, der die fäden zusammenführt, um die herausragenden ideen anderer zu verwirklichen.

meine website ist im entstehen, ich habe eine coachin an meiner seite und stehe mit beiden beinen wieder im leben. ich entscheide, setze um und arbeite an mir. tag für tag. es fühlt sich großartig an und hey, ich bin erwachsen geworden!

ein anruf der alles verändert.

im ersten halbjahr 2023 sah das alles ganz anders aus. es war ausnahmslos scheiße. angefangen hat es ganz ok mit »ich schaff das alles« und guten vorsätzen, mit durchziehen und loslegen, mit dem ausbau meiner scheune in der prignitz, bock auf arbeiten in der agentur, wo ich angestellt bin, mich einbringen, mit dem team abliefern; meine kunst, pläne für den sommer und ja, nach einer zeit der überforderung die ganz klare entscheidung zu einer neuen familie mit meiner freundin.

ende februar kam dann der anruf und damit fing der strudel an. meine welt fing an zu bröckeln. meine mum lag im krankenhaus, von heute auf morgen mit metastasen übersät, keiner hat es vorhergesehen. drei wochen nach dem anruf ist sie in meinen händen gegangen, hat mir ihren letzten atemzug gegeben und ich ihr das vertrauen und den mut, loszulassen. ich habe ihren kleinen kopf in meinen händen gehalten, vor ihrem bett gekniet und ihr gesagt, dass alles gut wird. dass sie gehen darf. ich spüre heute noch, wie ihre energie durch mich, durch uns durch ging und etwas in meinem herzen ließ. dann stille. die hässlichkeit des todes und die schönheit des lebens prallen in mir wie zwei sterne zusammen und ich fange an zu taumeln.

tage vorher, unwissend über die kommenden ereignisse, liege ich bei k. im bett, in mir toben eine sprudelnde aufregung und eine entscheidung. wir haben lange und viel mit uns gekämpft. ich fange an, unter freudentränen von meinen gefühlen zu ihr zu sprechen und ihr meine liebe zu gestehen. meine entscheidung, mit ihr eine neue familie gründen zu wollen. all das, womit ich wochenlang mit mir gerungen habe. letztendlich zu lange, denn sie nimmt es mir nicht mehr ab und trennt sich von mir. ein langes auf und ab hat ein plötzliches ende.

zwei wochen nach dem tod meiner mutter und der trennung sitze ich im personalgespräch in der agentur. ein hauch frühlingssonne scheint durch den gläsernen meetingraum. ich bin halb stabil, aber ok und freue mich auf ein gespräch mit der chefin und meinem creative director. ich habe mich vorbereitet, will zu mir und meinen letzten monaten hier stellung beziehen, vorschläge machen – der einzige satz, der fällt ist: »wir sitzen heute hier zusammen, weil du mit sofortiger wirkung gekündigt bist.« keine erklärung, kein mitgefühl. kein danke bis hierher. ich will es tatsächlich auch nicht hören. meine welt dreht sich. ein krater tut sich auf und ich bin taub. ich stehe auf, gehe raus, spüre mich nicht mehr und klappe auf der straße zusammen. over & out. rien ne va plus. plötzlich ist alles weg. in kürzester zeit. zwei familien und meine profession, mein selbstbewusstsein zerstört. das universum hat mich dreimal k. o. geschlagen. ohne auszählen und wieder aufstehen, nein mit nachtreten.

stop, halt – raus hier

ich setze mich langsam auf. die sonne scheint mir ins gesicht, als wenn nichts gewesen wäre. ich brauche hilfe, jetzt sofort. ziehe mein telefon aus meiner hosentasche und rufe mark an, der auf der stelle neben mir steht und erst einmal einfach da ist. mit ihm und auf mein fahrrad gestützt treibe ich stundenlang durch den berliner straßenfrühling, der sonne folgend. schritt für schritt.

>»wir müssen unser leben vorwärts leben.
>aber wir können es nur rückwärts verstehen.«
>*sören kirkegaard*

dieses zitat schießt mir plötzlich durch den kopf. es ist das lieblingszitat meiner mutter und eine der letzten eintragungen in ihrem tagebuch. die buchstaben tanzen durch meinen kopf hindurch und ich spüre, wie nur ich dieses karussell der negativen gedanken stoppen kann. der negativen gefühle stoppen kann. ich bleibe stehen und stampfe wie ein kleines bockiges kind mit den füßen auf den boden. mark sieht mich verwundert an und lächelt. mit tränen im gesicht weiß ich – nein ich glaube intuitiv – ich habe die kraft und lebensfreude, mich wieder aufzurichten, meine krone zurechtzurücken und durch den schmerz zu gehen. ich werde mir hilfe suchen. ich weiß, alleine schaffe ich das nicht. ich raffe mich auf, mit meiner therapeutin und meinem selbst, millimeter um millimeter.

beppo der straßenkehrer.

die drei k. o.-schläge vom universum habe ich so nicht kommen sehen. ich bin alle anzeichen übergangen. ich war blind dafür und das macht mich stutzig. ich fange an, mich knallhart mit mir selbst auseinanderzusetzen, was nebenbei gesagt wirklich nicht einfach ist. sich selbst anzugucken und ehrlich mit sich zu sein. es auszuhalten, alleine zu sein und sich nicht mit den medien abzulenken. ich gehe in meine trauer, lasse sie zu, um die für mich so essenziellen menschen und familien in meinem leben. grabe tief mit fragen in mir, um zu verstehen, klar zu werden, anzunehmen und loszulassen. frage und spreche mit meinem freundeskreis, der sich wie ein schutzring um mich auftat, als ich fiel, wofür ich so unendlich dankbar bin. gehe in meine gefühle, glau-

67

benssätze und muster. da kommt einiges zusammen und das ist ok, nur ich sehe es jetzt mehr und mehr. gehe damit um, gehe durch meine angst und aus der komfortzone. die belohnung dafür ist unfassbar schön.

und es zeigt sich mir immer mehr ganz klar: ich komme hier nur raus, wenn ich in der ruhe und geduld bleibe und mich fokussiere. das braucht zeit, eike. die wunden zu sehen und anzunehmen. die geduld habe ich gesucht, unterm bett, im kühlschrank, draussen, auf dem fahrrad, überall. und nicht gefunden. wochenlang bin ich ihr hinterhergerannt. ich fing an, »momo« von michael ende als hörspiel zu hören, immer wieder. das buch zu lesen. es gab mir ein kindliches gefühl von geborgenheit und alles ist gut. am anfang erzählt beppo der straßenkehrer momo:

> »siehst du, momo«, sagte er dann zum beispiel, »es ist so: manchmal hat man eine sehr lange straße vor sich. man denkt, die ist so schrecklich lang; das kann man niemals schaffen, denkt man.« er blickte eine weile schweigend vor sich hin, dann fuhr er fort: »und dann fängt man an, sich zu eilen. und man eilt sich immer mehr. Jedes mal, wenn man aufblickt, sieht man, daß es gar nicht weniger wird, was noch vor einem liegt. und man strengt sich noch mehr an, man kriegt es mit der angst, und zum schluss ist man ganz außer puste und kann nicht mehr. und die straße liegt immer noch vor einem. so darf man es nicht machen.«
> er dachte einige zeit nach: dann sprach er weiter: »man darf nie an die ganze straße auf einmal denken, verstehst du? man muß nur an den nächsten schritt den-

ken, an den nächsten atemzug, an den nächsten besenstrich. und immer wieder nur an den nächsten.«
wieder hielt er inne und überlegte, ehe er hinzufügte:
»dann machte es freude; das ist wichtig, dann macht
man seine sache gut. und so soll es sein.«

und in dem moment, wo ich stehen geblieben bin, war sie
da, die geduld.

tinte und papier.

dann sprudelte es aus mir heraus. ja, es gab schon momente
in meinem leben, an denen ich gescheitert bin, aber ich habe
nicht aufgegeben. denn tief in meinem herzen weiß ich, dass
ich die kraft habe, das alles zu verarbeiten und durchzuste-
hen. die sehnsucht allein entsteht in der dunkelheit.

also habe ich stift und papier genommen und mir alles von der
seele geschrieben. jeden tag, jede stunde, jede minute akzeptiert, dass es ist, wie es ist, wenn man es nimmt, wie es kommt.
nur ich habe es in der hand, zu verändern und einen neuen
weg zu gehen. das kann nur ich für mich. nur ich kann mir
unterstützung in meinem prozess holen. ich fing an zu meditieren, jeden tag zwanzig minuten. las neben »momo«, »kreativ. die kunst zu sein« von rick rubin. entschied und fragte
mich viele hundert fragen mit hilfe von curses »199 fragen an
dich selbst«. schrieb meine gedanken auf und stifte leer.

klar gab und gibt es tage, da liege ich in embryonalstellung
unter meiner bettdecke und lasse die tränen fließen, wenn

der liebeskummer wieder reinkickt. das passiert. das ist ok. die andere seite ist machen, rein in den schmerz, die veränderung, das nachdenken über mich, muster erkennen, annehmen. mich neu sehen und neu zeigen, in meiner art und weise.

neben der arbeit mit meiner therapeutin, suche ich mir das wissen von anderen menschen, ihren lebenswegen und höre mir ihre geschichten in podcasts an. höre zu und verstehe, wie sie es geschafft haben, die wunderlichkeiten des lebens zu stemmen und mit ihnen umzugehen. und beantworte sie mal gleich, mal neu. bei neuen antworten werde ich aufmerksam, halte sie fest.

back to fabelhaft.

ich nehme mir eine woche eine komplette auszeit und melde mich für die basiswoche an. 80 stunden intensivtherapeutische gruppen- und einzelarbeit mit mir. ich erlebe mich in einem völlig neuen licht. es tut weh, macht spaß und ist unfassbar befreiend.

wieder zu hause fange ich an, mir neue routinen in den tag einzubauen, damit ich schritt für schritt wieder in eine struktur für mich komme. kein endzeitgerät nach dem aufstehen, erst einmal fühlen, füße auf dem boden, auf das schafsfell. wie fühlt sich das an, den körper zu strecken, kaltes wasser ins gesicht zu spritzen, mit einem lächeln den spiegel zu begrüßen? tee kochen und trinken – eins nach dem anderen. dann 20 minuten meditieren, den gedanken über den kopf streicheln, wie bei kleinen kindern und sie weiterschicken. stille wahrnehmen, mein sein beobachten und spüren. danach setze ich mich hin und lese oder fange an zu schreiben. wie sieht mein selbstbildnis aus? was hat sich zu gestern verändert? was will ich wirklich? wie sieht meine vision von eike aus? glaube ich daran? und so langsam schleicht sich mein selbstbewusstsein zurück in mein sein. ich fange an, mich wieder zu schätzen für meine kraft, empfinde freude und genugtuung an dem, wie ich mit mir umgehe. ich fange an, mich wieder zu lieben, mich für meine entscheidungen zu akzeptieren. mich selbst zu sehen und an mich zu glauben. ja, ich bin der eike mit den vielen talenten, dem großen herz, der zuhörer, der macher, der auf sich aufpasst, sich auszeiten nimmt für sich, auf dem fahrrad oder nur allein zu haus, um sich zu spüren. ich will mein leben wieder in die hand nehmen und entscheiden und nicht über mich entscheiden lassen. danke universum, ich habe verstanden, jetzt ist payback-time.

meiner profession und berufung als art-producer und künstler will ich folgen. ich fange an, meine talente als organisator, als technisch wissender, designer, kreativkopf, netzwerker, als hands-on und macgyver zu positionieren, mein business ist: ich setze die ideen um, ich mache es möglich. i make it happen, die kunst-installation, die ausstellung … gebe meiner vision raum, sehe mich in meiner ausgebauten scheune. mit meinem haus-im-haus-projekt in der prignitz. gehe vermehrt wieder in mein atelier und setze meine kunst um, komme in den flow. merke mehr und mehr meinen willen und meinen glauben an mich und passe darauf gut auf, denn meine pflanze ist gerade am wachsen – jetzt dran bleiben. ich will da nicht mehr zurück. ich spüre ganz stark, wie gut es tut, wie warm es sich anfühlt in mir. wie ich es genieße, mich mit mir auseinanderzusetzen und die balance wiederzufinden.

ich erinnere mich an die sessions mit meiner coachin vor ein paar jahren. ihre direktheit und ehrlichkeit, ihr hinterfragen: »glaubst du das wirklich selber?« damals war es ein brüchiger glaube. mittlerweile weiß ich, dass der glaube an mich und das gefühl für mich selbst – no matter what! – das ist, was ich brauche. das klare, das »ich will« und das »ich kann«, sind meine tagesbegleiter. das sich entscheiden in die positivität zu gehen.

abends, wenn ich im bett liege, gehe ich für einen moment meinen tag durch und visualisiere mir, was ich alles geschafft habe. ich bin dankbar dafür und wenn es die drei stunden im café mit meinem heft und meinem stift waren.

ein weiterer begleiter für mich ist musik, sie kann mich fokussieren, begleiten, euphorisieren oder mich schneller an meine emotionswelt bringen. der soundtrack meines lebens gibt mir wahnsinnig viel rückhalt, da ich merke wie viele großartige menschen musik machen. sie gibt mir den mut unter den milliarden sternen ein leuchtender zu werden.

spirit 2.0

jetzt ist alles knapp ein dreivierteljahr her. es ist januar 2024. der dezember war so dunkel wie lange nicht mehr. trotzdem laufe ich aufrecht mit zurechtgerückter krone durch die straßen. ich nutze die zeit und drehe mein business um, ohne mein altes art-direktor-sein in agenturen zu negieren. denn gestalten und kreativ sein kann ich auch anders, indem ich anderen menschen helfe, ihre ideen umzusetzen. gehe dahin, wo mein talent und herz glühen. so langsam wird mir klar, ich hätte in der agentur meinen durchbruch schaffen können, nur passte ich mit meinem intuitiven gestaltungswissen nicht in die rein konzeptionelle art und weise, wie sie arbeiteten. ich will raus aus der welt von 9 to 5 am bildschirm, die so kalt ist und mich in meiner kraft nicht weiterbringt. hier werde ich unglücklich, ich bin ein macher, kein sitzer. insofern war der rausschmiss aus der agentur mein türöffner für mein business. weg und raus aus dem ganzen weichgequatsche, rein in die ehrlichkeit, direktheit und das erkennen, was ich will. jetzt stehe ich hier als der allrounder, ideenumsetzer – mein netzwerk und mein wissen sind riesig. eike does it. nebenbei bin ich etliche hundert kilometer mit meinem neuen rennrad durch brandenburg gedüst und habe mir den kopf frei gestrampelt, mit fremden menschen in dörfern zusammengesessen, mir ihre lebensgeschichten angehört und den flow genossen, der entsteht, wenn du im sattel sitzt und einfach nur noch fährst – mit sonne im rücken und gegenwind.

Mut zum Wandel: Entscheide für dich, bevor das Leben es für dich tut

Bianca Gabbey

Zu oft übergehen wir uns. Zu oft warten wir auf die Gelegenheiten, die Möglichkeiten und die ganz sicheren und klaren Zeichen im Außen, um Entscheidungen zu treffen. Und viel zu oft bleiben wir deshalb, wo wir sind. Denn diese Zeichen und Gelegenheiten kommen oft nicht in dieser sicheren und eindeutigen Art, wie wir sie erwarten. Und dann warten wir zu lange. Wie auch Eike zu lange gewartet hat, bis ihm alles um die Ohren flog.

Da hilft nur eins: Sei selbst die Veränderung. Sonst wird es das Universum, Leben, Gott ... für dich richten. Und wenn der/die/das eingreift, wird es meist dramatisch. Dann gibt es den großen Einschlag, um das Leben, den Weg, die Umstände neu auszurichten.

Die meisten Menschen warten, bis es knallt und das Leben die Regie übernimmt. Dann ist das Dilemma groß. Alles kaputt. Und doch höre ich es immer wieder: »Dann kam die Kündigung. Und das war im Rückblick auch gut. Ich hatte eh keine Lust mehr auf den Job.« Gleiches gilt für Beziehungen und Freundschaften und Wohnungen und und und ... Egal was es ist: Wenn wir im Leben etwas »eigentlich« nicht mehr möchten und es irgendwie aushalten, weil es sicher, so bequem und gewohnt ist und wir ja schon sooo viel investiert haben – es wird uns um die Ohren fliegen. Manchmal auch durch das Kündigungsschreiben vom Chef, die Trennung des Partners oder der Partnerin oder auch durch eine Erkrankung.

Unsere Gedanken und Gefühle schaffen unser Erleben – und zwar die unbewussten, die tiefen, die wahrhaftigen. Im lauten und stressigen Alltag überhören wir sie oft gern.

Was kannst du tun?

Nimm dir regelmäßig Zeit für eine Innenschau. Lausche dir und deinen Wünschen und lasse sie zu. Das kann bei einem gemütlichen Bad, bei schöner Musik und Kerzenschein oder beim Spaziergang im Wald sein. Oder auch bei einem schönen Essen in deinem Lieblingsrestaurant, nur mit dir allein. Vielleicht kannst du dich gut auf dich besinnen, wenn du auf deinem Lieblingsstuhl im Garten sitzt oder den Rasen mähst. Jede:r hat andere Situationen, in denen sie bzw. er sich besinnen und den eigenen Gedanken und Gefühlen nachhängen kann.

Finde deine.

Sorge dafür, dass du dir regelmäßig Zeit für dich und diese Situation nimmst. Zelebriere sie. Es ist dein Date mit dir und deinem Leben. Gibt es etwas Wichtigeres?

Sei mutig, handle, entscheide. Für dich. Für dein Leben.

- Welche Entscheidung schiebst du schon so lange auf?
- Welche Sache willst du schon lange nicht mehr tun und traust dich nicht, sie einfach abzusagen?
- Wo tust du Dinge, die dir nicht mehr entsprechen, nur weil sie gewohnt und sicher sind?

Ändere sie. Bevor das Leben sie für dich ändert. Denn du bekommst immer, was du wirklich willst. Mache selbst den Weg frei dafür. Es lohnt sich.

Das ist
Angela Regenbrecht

Wohnort Berlin

Alter 32

Webseite https://www.damnlovestruck.com

Was machst du beruflich? Ich bin Gründerin der Full-Service Musik und Medienagentur DAMN! LOVESTRUCK. Wir schalten den Turbo ein, wenn es darum geht Marken und Musiker:innen zu leuchtenden Sternen am Rockstarhimmel zu machen. Meine Schwerpunkte sind Content Creation, Markenaufbau, Marketing und Management.

Was zeichnet dich persönlich aus? Mich persönlich zeichnet aus, dass ich, wenn ich von einer Sache überzeugt bin, 120 % gebe. Dann bin ich all f***ing in! Viele meiner Kund:innen haben mir zu dem Thema gesagt, dass sie meine Energie direkt wie magisch angezogen hat. Sie haben sich von Anfang an unglaublich wohl in meiner Gegenwart gefühlt und genießen unsere gemeinsame Zeit während unserer Zusammenarbeit. Ich setze mich wahnsinnig für all meine Projekte ein und liebe es, andere nach vorne zu bringen.

Welches Tier wärst du? Als Tier wäre ich wahrscheinlich ein Delfin. Das mache ich vor allen Dingen an meiner verspielten und kreativen Natur fest. Ich bin gerne in Gesellschaft und liiiiiebe es, mit Gleichgesinnten zusammen etwas zu erreichen. Meine Zielstrebigkeit und Ambitionen spiegeln sich in der Art wider, wie Delfine ihre Umgebung erkunden und nach Nahrung suchen. In meiner Kommunikation sind mir Ehrlichkeit und Empathie sehr wichtig, nicht nur bei Menschen in meinem Privatleben, sondern auch im beruflichen Kontext.

Wie ist deine familiäre Situation? Ich komme aus einer wohl behüteten Familie mit polnischen Wurzeln. Aufgewachsen bin ich zusammen mit meiner kleinen Schwester und unseren Eltern in einer Kleinstadt in NRW. In Berlin lebe ich seit 11 Jahren und habe hier vor 4 Jahren meinen Lebensgefährten Julian kennen und lieben gelernt. Kinder sind noch nicht in Planung, aber ein Hund wäre schön :)

Lieblingszitat/Motto Go with the Flow

Wie Prokrastination mein Leben zum Positiven verändert hat

Angela Regenbrecht

Diese Zeilen schreibe ich aus Sri Lanka mit Blick auf den Strand und das Meer von Unawatuna. Bereits zum zweiten Mal habe ich mir diesen Traum wahr gemacht: den Winter nicht in Deutschland verbringen, sondern in warmen Ländern, in denen ich Surfen und Yoga praktizieren kann. Inzwischen kann ich kaum glauben, wie schwarz das Loch war, in dem ich mich vor wenigen Jahren noch befunden habe!

Wenn die Arbeitswelt brachliegt

Es war der erste Winter nach den Corona-Jahren und die Welt schien langsam wieder so zu funktionieren wie vor diesem Horror-Szenario. Die Mehrzahl der Menschen kehrte wieder in ihren gewohnten Arbeitsalltag und ihre Routinen zurück. Ich allerdings kam an einen Punkt in meinem Leben, an dem ich merkte: So geht es nicht weiter!

Diese zwei Jahre haben mir ziemlich den Boden unter den Füßen weggezogen. Als Stage- und Eventfotografin bin ich bekannt für meine Arbeit mit Musiker:innen und mein generelles Engagement in der Musikszene im Artist Development. Gerade diese Szene ist einer der Wirtschaftszweige, die von der Pandemie besonders hart getroffen wurden. Alle Konzert- und Eventlocations mussten schließen. Produktionen im Musik-, Video- und Fotobereich wurden verschoben oder sogar ganz abgesagt. Meine Arbeitswelt lag brach – und das zu 100 % für sechs Monate.

In dieser Zeit erlebte mein Lebensgefährte das komplette Kontrastprogramm. Er war Managementberater einer der großen Beratungsfirmen und so war vor allen Dingen in dieser so herausfordernden Zeit seine Expertise gefragt. Oft arbeitete er mehr als 14 Stunden täglich. Bei mir wuchs währenddessen eine echte Existenz- und Sinnkrise heran. Was sollte ich nur tun? Mein Erspartes reichte gerade mal für zwei bis drei Monate. Wie lange würde das wohl so weitergehen? Wie lange blieb alles geschlossen? Was sollte ich stattdessen machen? Was passierte, wenn es für immer so weitergehen würde?

Die schlimmsten Szenarien spielten sich vor meinem inneren Auge ab. Nach den ersten paar Wochen war ich so weit in meinen Gedankenspiralen versunken, dass es in meiner Wahrnehmung auch keinen Unterschied mehr machte, ob ich morgens aus dem Bett aufstand, mich wusch und anzog oder eben nicht. Also tat ich das auch erstmal nicht mehr. Eine waschechte Depression war geboren. Ach du Scheiße ...

Die Beziehung vor der Zerreißprobe und 1000 Fragen im Kopf

Wie man sich vorstellen kann, sind eine Depressive und ein Hardcore-Workaholic, eingesperrt auf engsten Raum, dazu bestimmt, früher oder später aneinanderzugeraten. Unsere Bedürfnisse und Gefühlswelten waren so weit voneinander entfernt, dass es regelmäßig zu Auseinandersetzungen, Streit und Nervenzusammenbrüchen kam. Kurzum: Unsere noch recht junge Beziehung litt sehr unter der ganzen Situation. Ich war wirklich verzweifelt. Alles war schwarz und trostlos. Ohne Perspektive, ohne Sinn und Zweck. Ich war einfach traurig.

Irgendwie gingen die Monate vorbei. Heute erinnere ich mich nur noch verschwommen. Ich kann zeitlich nicht mehr einordnen, wann was passiert ist. Die strenge Lockdown-Zeit war vorüber und sukzessiv durften Restaurants und andere Lokale wieder öffnen. Was allerdings vorerst weiterhin geschlossen bleiben sollte, waren Konzertspielstätten – der Arbeitsplatz meiner Kund:innen.

Meine Psyche drehte sich im Kreis, stand Kopf, versuchte Loopings und fiel wieder auf die Schnauze. Was sollte ich nur machen? So generell? Beruflich? Sollte ich versuchen, da anzuknüpfen, wo alles aufgehört hatte? Machte ich etwas ganz anderes? Nochmal studieren oder umschulen? Was wollte ich denn überhaupt? 1000 Fragen schwebten mir im Kopf herum. Irgendwie war ich verändert.

Beruflich hielt ich mich mit Gelegenheitsjobs über Wasser. Alles, was ich irgendwie in die Finger bekam, machte ich, auch wenn es rein gar nichts mit meiner ursprünglichen Profession zu tun hatte. Hauptsache erstmal irgendwie Geld verdienen, weitermachen und durchkommen.

Es begannen anderthalb zähe Jahre. Von Monat zu Monat schien das Leben wieder normaler zu werden. Nicht ganz so wie vorher, aber schon näher dran. Meine Karriere als Human-Design-Readerin und Krankenhaus-Hostess war zum Glück schneller wieder beendet als gedacht und die ersten kleineren Produktionen liefen wieder an. Trotz der wieder laufenden Produktionen und der neuen coolen Projekte merkte ich immer wieder, dass das Gedankenkarussell weiter kreiste.

Auf einmal war sie da: die Angst.

Die Angst und die Suche nach Hilfe

Angst vor den Dingen, die ich so nicht kannte. Angst davor, von heute auf morgen nicht mehr arbeiten zu können. Angst davor, selbst krank zu werden bzw. noch kränker zu werden. Angst davor, meine Familie nicht mehr zu sehen oder niemanden mehr zu haben. Angst davor, meine Partnerschaft, von der ich wusste, wie magisch sie ist, schlichtweg vor die Wand zu fahren.

Das alles wollte ich natürlich nicht. Heute kann ich das so benennen und die Situation ganz reflektiert und nüchtern betrachten. Damals, als ich noch mitten in der Situation steckte, waren es viel mehr unkontrollierte, schwankende Gefühle. Mal war ich kurzzeitig motiviert, voller Energie, dann reizbar und wütend oder auch enttäuscht und traurig oder auch alles zur gleichen Zeit. Ich konnte mich selbst nicht leiden. Jeden Tag versuchte ich, weiterzukommen und die To-dos zu erledigen, die ich mir gesetzt hatte, scheiterte aber zu oft. Kleinigkeiten, die mich eigentlich nicht tangieren sollten, warfen mich total aus der Bahn. Alles wurde nur schwer und schwerer und schwarz und schwärzer.

It was a mess …

Ich habe gedacht: »Angela, du hast einfach einen Knacks weg. Du bist bescheuert geworden! Du solltest eine Therapie machen.«

Tatsächlich investierte ich daraufhin viel Zeit in die Suche eines Therapieplatzes. Wirklich kein einfaches Unterfangen. Insgesamt über 100 Absagen bekam ich via E-Mail bzw. durch meine Telefonakquise. Immer wieder erzählte ich meine Geschichte. Berichtete von meinen Ängsten und Gedanken und wurde immer wieder weitergeschickt. Bei drei Ärzt:innen durfte ich zu sogenannten Notfallsitzungen kommen. Aber auch diese hatten am Ende keinen endgültigen Platz für mich. Ich war wirklich am Tiefpunkt angekommen und auch mein Freundeskreis und mein Partner waren nicht mehr in der Lage, mir zu helfen.

Die Angst weicht der Freude

Ende 2021. An einem kalten, grauen Berliner Wintertag saß ich mal wieder an meinem Schreibtisch und verlor mich in meinen Gedanken. Eigentlich hatte ich mir vorgenommen, einige liegengebliebene Arbeiten zu erledigen. Allerdings wanderten meine Finger wieder einmal viel zu schnell zum Instagram-Button und ich begann unter dem Deckmantel »Ich suche mir noch ein wenig Inspiration, bevor ich anfange«, zu swipen.

Wie so oft machte mich auch diesmal das Anschauen der Leben anderer nicht glücklicher als vorher und inspirieren tat es mich schon gar nicht. Viel mehr konnte ich mir anhand der Posts anderer wieder selbst gut vorwerfen, was ich alles noch nicht geschafft hatte, wo ich versagt hatte oder wo andere einfach wieder besser, schöner, schlauer oder erfolgreicher waren als ich. Danke schön! Warum leben alle die Traumleben, die ich eigentlich leben wollte?!

Doch plötzlich las ich folgende Zeilen: »Wie viel hat es dich dieses Jahr gekostet, immer wieder auszuweichen und deiner Angst die Entscheidungen zu überlassen? Wie viel wird es nächstes Jahr sein?« BÄM! Good question! Durch meine Angst hatte ich definitiv unzählbar viele schlechte Nächte in Prosecco und Tränen ertränkt und verzweifelte Abende verbracht, führte eine Beziehung, die auf der Kippe stand, und hatte ein noch viel zu leeres Auftragsbuch ohne kreative Ideen, um dieses wieder zu füllen. Die oben erwähnten Fragen stammten von Bianca Gabbey. Wir kennen uns schon viele Jahre, da ich zu Beginn meiner Selbstständigkeit ein Coaching bei ihr machte, welches mir half, mich in dieser neuen Welt zurechtzufinden. Wenn ich heute darüber nachdenke, wie naiv ich damals an das Thema Selbst-ständigkeit herangegangen bin, muss ich lachen. Ich wusste damals nur eins: Ich finde es richtig geil, Musiker:innen zu fotografieren! Aber wie soll man damit bitte Geld verdienen, geschweige denn davon anständig leben können? Genau aus diesem Grund bin ich damals zu Bianca gegangen. In meinem ersten Coaching half sie mir, meinen USP (Unique Selling Point) so in Worte zu fassen, dass Menschen verstehen, was ich mache und was besonders an mir ist. Von ihr stammt auch mein Slogan: »Ich mache Bilder mit BÄM!« Darüber hinaus hatte ich mit ihr meine ersten WOW-Erlebnisse beim Thema Mediation und Mindset. Zusammen haben wir meine Zielgruppe genau definiert, erarbeitet, wo und wie ich diese finde und was ich ihnen zu welchem Preis anbiete. Mit diesem Werkzeugkoffer bin ich die ersten Jahre meines selbstständigen Arbeitslebens wirklich gut gefahren.

In dem Moment, als ich über die Fragen aus Biancas Post nachdachte, fiel mir das alles wieder ein. Ich erinnerte mich auch, wie viel Spaß es mir gemacht hat, an all diesen Dingen zu arbeiten, und wie schnell es mich vorangebracht hat, meine Gedanken mit einer Sparringspartnerin zu teilen. Ich bekam Lust darauf, so etwas nochmal zu erleben. Meinem Impuls folgend entschied ich mich dazu, Bianca anzurufen.

Schnell wurde klar: Ich mach das jetzt einfach nochmal!

Es war das erste Mal seit langem, dass mich ein Gefühl von aufgeregter Freude überkam. Ich konnte es wirklich kaum abwarten, endlich loszulegen, und so fieberte ich gespannt auf die erste Januarwoche 2022 hin. Bis dahin bekam ich ein paar Aufgaben zur Vorbereitung mit auf den Weg. Das Durcharbeiten der High-5-Methode setzte den Startschuss.

Intensive Beschäftigung mit mir selbst

In der High-5-Methode geht es darum, sich selbst komplett zu durchleuchten und alle Fakten auf den Tisch zu legen, und das alles in fünf Schritten. Die Kernfragen sind relativ simpel: Woher? Warum? Womit? Wohin? Wer?

Daran orientierend beschäftigte ich mich damit, wer ich eigentlich aktuell war, woher ich kam, was ich konnte bzw. gelernt habe, was ich anbieten wollte und für wen.

Allein durch das Beantworten und die Beschäftigung mit mir selbst wurden wieder viele Prozesse in Gang gesetzt. Die Frage »Was will ich eigentlich wirklich?« schwebte bereits seit der Corona-Krise in meinem Kopf herum. Nur fehlte mir immer der nötige Impuls, um ernsthaft darüber nachzudenken. Nun bekam ich ihn. Durch die »Wohin?«-Lektion kristallisierte sich heraus, dass mir das Arbeiten in einem Team fehlte und dass ich tatsächlich nicht für immer »nur« fotografieren möchte. Viel mehr wollte ich zusammen mit einem Team Full-Service-Dienstleistungen im Kreativbereich anbieten. Ich liebe es, Menschen zu unterstützen und mich für sie einzusetzen. Am allerliebsten mache ich das für Personen im Musik- und Kreativbusiness. Die Idee, eine Agentur zu gründen, schlummerte schon lange in mir. Tatsächlich hatte ich dies 2018 bereits einmal vor meinen damals besten Freunden geäußert. Leider wurde ich in diesem Moment nur belächelt und mir wurde prophezeit, dass ich das doch ohnehin nicht schaffen würde. Als ich mir aber erlaubte, ganz groß zu träumen, wie in der »Wohin?«-Fragestellung gewünscht, kam diese Vision wieder hoch. Und endlich war ich bereit, diese ernsthaft zu verfolgen: Ich wollte eine Full-Service-Agentur im Bereich Content Creation, Onlinemarketing und Social-Media-Beratung sowie Artist Development für Musiker:innen und den Medienbereich gründen.

Mit dieser großen Vision an Bord und jeder Menge Lust, etwas zu ändern, konnte das Coaching nun richtig starten. Ich war so all-in wie nie zuvor. Let's go!

Das richtige Ziel und die große Vision

In den darauffolgenden sechs Monaten tat sich jede Menge bei mir. Zentraler Dreh- und Angelpunkt war das Ausarbeiten der großen Vision – mein C-Ziel. Dieses beschrieb und visualisierte ich bis ins kleinste Detail: vom Aufwachen neben meinem geliebten Partner in meinem großen, weichen Bett in meiner lichtdurchfluteten Loft-Wohnung in Wassernähe, welche sich in einem Altbau mit bodentiefen Fensterfronten befindet, dem Erleben eines kompletten Arbeitstages bis hin zu den letzten Gedanken, die ich habe, bevor ich wieder ins Bett falle. Die Visualisierung umfasste wirklich ALLES. Jedes kleine Detail, das meine Vision spürbar macht. Wo genau bin ich den ganzen Tag über? Wie sieht die Umgebung aus? Wie riecht es dort? Wie ist das Licht? Welche Menschen sind dort? Was tue ich alles? Und wie sehe ich überhaupt aus? Welche Klamotten trage ich? Wie fühle ich mich dabei? Wie spreche, bewege und verhalte ich mich? Womit verbringe ich meine Zeit und vor allen Dingen mit wem?

Diese Vision schrieb ich auf und das nicht nur einmal … Jedes Mal wurde sie etwas konkreter und besser fühlbar. Nun ist sie das Herzstück meiner täglichen Ausrichtung.

Das tägliche Ausrichten ist ein weiteres der kraftvollen Tools, die ich mittlerweile mindestens einmal am Tag nutze.

Meistens beginne ich mit einer kurzen Mediation, um mich in mein Ziel einzutunen. Dabei tanke ich Kraft »aus Mutter Erde« und fühle mich komplett in mein zukünftiges Ich ein. In dieser Energie angekommen, geht es damit weiter, dass ich mein Journal zur Hand nehme und eine Dankbarkeits-übung mit meiner Zukunftsvision kombiniere. Zunächst schreibe ich einige Dinge auf, für die ich in meinem aktuellen Alltag dankbar bin, um im nächsten Schritt in der Gegenwartsform aufzuschreiben, wie ich den kommenden Tag oder auch bestimmte Ereignisse erleben möchte, die ich in der Meditation visualisiert habe. So als wäre all das bereits passiert und Teil meiner Realität. Denn wenn wir dazu in der Lage sind, uns etwas wirklich vorzustellen, liegt es bereits in unserem Feld und somit im Bereich des Möglichen. Zum Abschluss der Ausrichtung suche ich mir Bilder, die mein Gefühl der Dankbarkeit und das Erlebte der Vision zeigen und mich dieses somit nochmal tiefer spüren lassen. Gerade als visueller Mensch habe ich festgestellt, wie wichtig dieser Schritt für mich ist. Mittlerweile habe ich eine ganze Galerie von Bildern, die mich in den unterschiedlichen Bereichen meines Lebens aufladen und mit deren Hilfe das Fühlen der Vision noch besser gelingt. Nach dieser Praxis bin ich immer komplett mit positiver Energie und Motivation aufgeladen und bereit, in den Tag zu starten. Durch die neu gewonnene Power fällt es mir viel leichter, weitere Schritte zu planen und diese umzusetzen. Generell gilt immer das Leitbild des Setzens von Zielen, Zwischenzielen und den nötigen Action Steps, die es braucht, um diese zu erreichen. Natürlich konnte ich nicht von heute auf morgen die weltweit bekannte Agenturchefin sein, aber ich kann jeden Tag überlegen, was es zu tun gilt, um diesem Ziel ein Stück näher zu kommen.

Die Gedanken kontrollieren

Ein weiterer entscheidender Shift war das Kontrollieren meiner eigenen Gedanken, da unsere Gedanken unsere Realität formen.

Durch verschiedenste Ereignisse in der Vergangenheit war es meine Strategie, für ständige, vermeintliche Harmonie zu sorgen, indem ich die Bedürfnisse anderer komplett über meine eigenen stellte. Auch hatte ich große Probleme damit, meinen eigenen Wert zu sehen und ihn anzuerkennen. Dies führte dazu, dass ich in Verhandlungssituationen so gut wie immer von meinem zu Beginn genannten Preis abgewichen bin und mich selbst zu günstig verkauft habe oder oft sogar Arbeit für umsonst gemacht habe.

Ich habe mir selbst die Story erzählt: »Du musst erst noch besser werden! Du musst dir erst ein aussagekräftiges Portfolio aufbauen! Du bist noch nicht gut genug! So wie du aktuell bist, bezahlt doch sowieso niemand deinen Preis.« Durch die Aufdeckung dieser Paradigmen und das Beschließen von dem, was ich stattdessen machen möchte, wie ich mich stattdessen fühlen möchte, schaffte ich es, vollkommen neue Gedanken zu implementieren und mir somit eine neue Realität zu schaffen. Schnell merkte ich, dass Menschen natürlich dazu bereit waren, meine Preise zu zahlen, wenn ich nicht schon vorneweg einlenke – aus einer vermeintlichen Angst heraus, dass ich eine Hochstaplerin bin, oder sogar aus Angst, abgewiesen zu werden.

Auch in meiner Beziehung veränderte sich einiges. Während des Trainierens meiner eigenen Gedanken wurde mir erst klar, was ich über mich selbst in Bezug auf Männer und somit auch in Bezug auf meine eigene Beziehung dachte.

Dinge wie: »Ich bin einfach nicht wichtig, alles andere ist wichtiger. Ich werde nur unterdrückt und ausgenutzt. Männer sind scheiße und behandeln Frauen schlecht.« Na Prost Mahlzeit ...

Bei solchen Überzeugungen musste ich mich nicht wundern, was ich mir da manifestiert hatte. Durch meine eigenen Überzeugungen war ich dafür verantwortlich, dass ich immer wieder Drama kreierte und unpassend auf das Verhalten meines Partners reagierte. Als ich das verstanden hatte, konnte ich proaktiv anfangen, anders zu reagieren. Zum Beispiel reagierte ich auf Sticheleien nicht mehr eingeschnappt oder aggressiv, sondern verstand sie als Zeichen seiner Zuneigung und konnte diese mit Witz erwidern. Auch schaffte ich es, meine eigenen Bedürfnisse zu artikulieren, von denen er im Vorfeld gar nichts wissen konnte. Ich hatte es mir selbst nie erlaubt, diese zu äußern, aus Angst, ihn zu verlieren. Dies führte allerdings immer zu Konflikten, da ich mich nicht gesehen fühlte. Aber seien wir mal ehrlich: Gedanken lesen kann man von niemandem erwarten, also auch nicht vom eigenen Partner.

Von der selbstständigen Fotografin zur Agentur-Inhaberin

Beruflich gesehen habe ich mich ebenfalls enorm weiterentwickelt. Mittlerweile habe ich ein festes Team von vier Personen, die mich mit ihren Dienstleistungen unterstützen und mein Agenturangebot vervollständigen. Dadurch sind wir die Ansprechpartner:innen für Marken und Musiker:innen in Sachen Medienproduktionen und Content Creation geworden und helfen diesen in den Bereichen Sichtbarkeit und Karriereaufbau. Wir setzen uns auch mit den unangenehmen Wahrheiten auseinander und reden Tacheles, um unsere Brands und Artists zum Strahlen zu bringen. Wir hören niemals auf, Fragen zu stellen und uns ehrlich mit unseren Kund:innen auseinanderzusetzen.

Genau so wollte ich es immer haben und das baue ich mir gerade auf.

Um die Musikszene darüber hinaus zu unterstützen, habe ich ein eigenes Eventformat in Berlin ins Leben gerufen. Einmal im Quartal sind alle Musikschaffenden eingeladen, zu unserem Abendevent zu kommen, um im geschützten Rahmen zu netzwerken und Impulsvorträge zu tagesaktuellen Themen aus dem Musikbusiness zu hören. Diese Community ist mittlerweile ziemlich stark, alle supporten sich gegenseitig und tauschen Erfahrungen miteinander aus. Aus diesem Eventformat resultierend hat mich die erste Band gefunden, die ich nun als Managerin betreue. Indem ich all meine Erfahrungen, Ressourcen sowie mein gesamtes Netzwerk nutze, greife ich ihnen aktiv beim Gestalten ihrer Karriere unter die Arme.

Heute kann ich in der Retrospektive gar nicht richtig glauben, was sich alles zum Positiven verändert hat. Ich habe mich von der selbstständigen Fotografin zur Agentur-Inhaberin entwickelt und ein eigenes Eventformat in Berlin für die Musikszene entwickelt und etabliert. Ich habe meine Beziehung gerettet und stabilisiert. Ich habe meine Gedankenwelt komplett umgekrempelt, somit meine negativen Paradigmen erfolgreich aufgearbeitet und mich aus meinem schwarzen Loch befreit. Ich würde glatt behaupten, dass mir all das viele Jahre Therapiearbeit erspart hat, und dafür bin ich unendlich dankbar.

Ich weiß, dass ich noch nicht am Ende meiner Reise angekommen bin – ist man ja irgendwie auch nie, richtig? Aber ich weiß, dass ich meinen Plan mit den entsprechenden Action Steps vor mir habe und ich mich wirklich krass darauf freue, diese anzugehen und umzusetzen.

Übrigens: Während ich hier auf dem Liegestuhl am Strand von Sri Lanka sitze, denke ich daran, dass ich die langen Urlaube als Flucht vor dem deutschen Winter einfach beschlossen und gemacht habe. Ich wusste nicht, wie das gehen sollte. Aber jetzt liege ich hier und habe einen Monat so gut wie nicht gearbeitet und mehr als genug Geld für die nächsten drei Monate auf meinem Konto. All meine Rechnungen sind bezahlt und wenn ich wieder zurück nach Deutschland komme, warten direkt die nächsten Aufträge auf mich. Ab Februar starte ich dann mit der Berlinale wieder in mein Arbeitsjahr.

Geht alles! Einfach beschließen und machen.

Klar entscheiden, mutig leben: Die transformative Kraft für Ängste

Bianca Gabbey

Entscheidungen treffen – leider lernen wir das nicht in der Schule. Angieh steckte genau an diesem Punkt fest und durfte ihr größtes Potential heben. Denn die Kraft der Entscheidung ist ein mächtiges Werkzeug, um Ängste zu überwinden und das Leben zu transformieren.

Bob Proctor, ein renommierter Experte in der Persönlichkeitsentwicklung, macht deutlich, wie wichtig klare Entscheidungen bei der Befreiung von Ängsten spielen. Er schreibt:»Ein Mensch, der unfähig ist, Entscheidungen zu treffen, ist verloren, denn Unentschlossenheit ist die Basis innerer Konflikte, die ohne Vorwarnung eskalieren und in einem mentalen und emotionalen Krieg enden können.«[6]

---

6 https://www.proctorgallagher.institute/tir-preview/thinking-into-results/lesson-1-a-worthy-ideal.

Dieser innere Krieg äußert sich oft durch Angst. Angst ist eine allgegenwärtige Kraft, die viele Aspekte unseres Lebens beeinflusst. Ob es sich um die Angst vor Veränderungen, Versagen oder Unsicherheit handelt, sie kann uns lähmen und daran hindern, unser volles Potenzial zu entfalten.

Bob Proctor lehrt, dass der erste Schritt zur Überwindung von Ängsten darin besteht, eine klare Entscheidung zu treffen. Denn eine klare und bewusste Entscheidung zu treffen, setzt eine positive Energie frei.

Es ist wie bei einem Sprung vom 5-Meter-Brett. Solange du oben stehst, hast du Angst. In dem Moment, in dem du die Entscheidung triffst und springst, ist die Angst vorbei.

Forschungen im Bereich der Neuroplastizität legen nahe, dass die Aktivität im Gehirn durch Entscheidungen beeinflusst wird.[7] Eine klare und positive Entscheidung aktiviert bestimmte neuronale Verbindungen, die die Wahrnehmung von Angst verändern können. Dies unterstützt die Idee, dass die Macht der Entscheidung starke Auswirkungen auf unser mentales Wohlbefinden hat.

Unsere tief verwurzelten Überzeugungen und Muster im Unterbewusstsein spielen eine entscheidende Rolle bei der Bewältigung von Ängsten. Die bewusste Entscheidung, sich von Ängsten zu befreien, sendet klare Botschaften an das Unterbewusstsein, die die alten Ängste herausfordern und neu formen können.

Studien im Bereich der Entscheidungspsychologie bestätigen, dass eine klare Entscheidung – selbst wenn sie anfänglich mit Unsicherheit verbunden ist – eine kraftvolle

---

7 Vgl. https://www.ncbi.nlm.nih.gov/pmc/articles/PMC1201429.

Wirkung auf das psychische Wohlbefinden hat.[8] Die Aktivierung des Belohnungszentrums im Gehirn durch positive Entscheidungen kann Ängste reduzieren und ein Gefühl der Selbstwirksamkeit fördern.

Die Überwindung von Ängsten durch klare Entscheidungen erfordert allerdings Selbstreflexion und eine bewusste Auseinandersetzung mit den eigenen Ängsten. Bob Proctor empfiehlt, klare Ziele zu setzen und sich aktiv für den Weg der Entschlossenheit zu entscheiden. Das Festhalten an dieser Entscheidung ermöglicht eine stetige Transformation der Ängste.

Angst ist also keine unabänderliche Realität, sondern eine emotionale Reaktion, die durch bewusste Entscheidungen überwunden werden kann. Und du kannst dieses Wissen für dich nutzen, indem du dich entscheidest, aktiv die Kontrolle über dein Leben zu übernehmen. So schaffst du Raum für Wachstum, Selbstvertrauen und die Verwirklichung deiner Träume.

---

8   Vgl. https://www.hasepost.de/subliminale-botschaften-die-unterbewusste-wahrnehmung-ausnutzen-440076.

Das ist
Tanja Giese

Wohnort Berlin

Alter 39

Webseite
www.im-selbstverlag.de

**Was machst du
beruflich?**
Ich bin freie Lektorin
und Inhaberin von
im SELBSTverlag –
Die Agentur für Self-
publisher:innen.

**Was zeichnet dich persön-
lich aus?** Angeblich sei ich stur (Sternzeichen Stier, wer es
glauben will). Ich sage: willensstark und ehrgeizig.

Welches Tier wärst du? Ein Wolf – Rudeltier, Anführerin,
aber auch sehr gern mal für mich allein.

Wie ist deine familiäre Situation? Ich lebe alleinerziehend
mit meinen beiden Teenagern und Hund.

Lieblingszitat/Motto Life is what happens while you are
busy making other plans. (John Lennon)

Selbst und ständig: Der Weg zur Fülle

Tanja Giese

Es ist Dienstag, 9 Uhr. Wie jede Woche öffne ich Zoom und begrüße kurz darauf Anna und Marilisa, meine beiden Werkstudentinnen. Wir besprechen die Projekte für diese Woche. Unsere Grafikerin Mimi hat Angelikas Manuskript fertig gesetzt und im nächsten Schritt steht die Korrekturfahne an. Renate hat unsere Lektoratskommentare bearbeitet, die nun nochmal geprüft werden müssen. Außerdem kommen das Lektorat von Andreas' Buch und zwei Probelektorate auf die To-do-Liste. Wir verteilen die Aufgaben und nach der üblichen Bitte, sich bei Fragen an mich zu wenden, beenden wir unseren Jour Fixe.

Gleich startet mein erstes Kundengespräch für heute, aber vorher mache ich mir noch schnell einen Kaffee. Während der wunderbare Duft dieses Lebenselixiers die Küche erfüllt, spüre ich in mich hinein. Alles ist gut. Das Auftragsbuch ist übervoll, aber ich bin die Ruhe selbst. Ich habe ein wunderbares Team, das mit mir gemeinsam ambitionierten Autor:innen zur Veröffentlichung ihrer Bücher im Selfpublishing verhilft. Diese Arbeit macht nicht nur wahnsinnig viel Spaß. Sie wird auch von so wohltuender Wertschätzung und Dankbarkeit begleitet, dass ich oft regelrecht gerührt bin. Ich gieße den dampfenden Kaffee in meinen Thermobecher. Nach dem Kundengespräch werde ich erstmal eine Runde mit dem Hund um den Block laufen, da kann ich den Kaffee gleich mitnehmen. Als ich die Hafermilch aufschäume, denke ich daran, dass ich noch vor kurzem nur von diesem entspannten Leben träumen konnte.

Achtung: Selbst und ständig!

Ich ging stramm auf die 40 zu. Nach dem Ende meiner 12-jährigen Ehe hatte ich ein Jahr gebraucht, um mich emotional wieder zu fangen. Dank einer ganz wunderbaren Therapeutin gelang es mir, mich wieder in meiner eigenen Haut wohlzufühlen. Doch in meiner Wohnung mit meinen beiden Kindern fühlte ich mich wie in einer Studentenbude. Die Wäsche hing regelmäßig tagelang trocken auf dem Wäscheständer. Der Abwasch stapelte sich in der Spüle. Doch ich kam vor lauter Arbeit zu gar nichts. Wenn ich mich einmal vom Laptop losreißen konnte und mich an den Abwasch wagte, genoss ich diese Entspannung. Das war doch wirklich verrückt: Ich fand die Entspannung beim Abwasch! Es war einfach. Ich konnte mich in den Automatismus fallen lassen und versank in meinen Gedanken. Ich dachte daran, dass mich die Kinder ständig nur gestresst erlebten. So viel Arbeit und dennoch wollte sich der Wohlstand nicht einstellen, geschweige denn Ruhe und Zeit für die Kinder und mich.

Immer wieder hallte dieser eine Satz in mir nach, den ich vor meiner Gründung so oft gehört hatte: »Selbstständigkeit bedeutet selbst und ständig!« Gerade die Intention vieler – gerade Nicht-Selbstständiger – missfällt mir bis heute. Denn wenn sie ihn aussprechen, dann schwingt immer eine gewisse Warnung mit: »Überlege dir das mit der Selbstständigkeit lieber nochmal!« Die Alternative? Die (vermeintliche) Sicherheit des Angestelltentums? Dieselben Menschen, die mir von der Selbstständigkeit abrieten, hangelten sich doch auch nur von Urlaub zu Urlaub und hatten Sätze im Repertoire wie: »Schrecklich, Montag muss ich wieder arbeiten. Das Wochenende ist wieder viel zu kurz!«, »Das Leben beginnt mit dem Feierabend.« und »Ich habe schon den nächsten Urlaub gebucht. So kann ich die Arbeit besser ertragen.«

Ein Leben, das nur am Wochenende und in den wenigen Urlaubstagen im Jahr lebenswert scheint? Das war nichts mehr für mich. Doch nun, in der Selbstständigkeit angekommen, da schien sich die Warnung anderer zu bestätigen: »Selbst und ständig« war zu ständiger Arbeit im Alleingang geworden.

Die ersten Schritte auf dem Weg in die Selbstständigkeit

Als ich mich 2018 als Lektorin selbstständig machte, war es genau das, was ich wollte: Endlich ich selbst sein – und zwar ständig! Nachdem ich zwei Start-ups verlassen hatte, weil mir die Wertschätzung für meine Arbeit fehlte und ich an die berühmt-berüchtigte gläserne Decke stieß, landete ich in einer zunächst sehr vielversprechend wirkenden Agentur. Schnell fühlte ich mich aber auch dort wie eine Gefangene. Litt ich zuvor unter den als selbstverständlich erwarteten Überstunden in den Berliner Start-ups (damals galt noch »Engagiere dich über deinen Arbeitsvertrag hinaus, sonst bist du raus!«), musste ich jetzt meine Arbeitsstunden regelrecht absitzen. Termine für Meetings, in denen neue Projekte und Aufgaben besprochen werden sollten, wurden regelmäßig vom Chef ignoriert und wortlos gecancelt. Auf Nachfragen war er immer »leider kurzfristig verhindert«. Auch wenn ich mit meinen To-dos früher fertig war, gab es kein Entkommen aus dem – zugegebenermaßen – hippen Agentur-Büro in Berlin-Mitte. Es war nicht erlaubt, vor der vertraglich festgelegten Arbeitszeit nach Hause zu gehen. Während ich an meinem Schreibtisch saß und sinnlos auf den Bildschirm starrte, dachte ich an meine Kinder. Ich war gedanklich bei meiner Tochter und dem Moment als ich sie am Morgen weinend der Kita-Erzieherin übergeben musste, weil sie lieber zuhause bleiben wollte. Ich überlegte, wie ich meinem Sohn bei der Vorbereitung für die anstehende Klassenarbeit helfen konnte. Ich hatte ja nach der Arbeit auch noch Einkauf und Haushalt zu erledigen. Währenddessen musste ich weiter am Büroschreibtisch sitzen und warten, bis es endlich 16 Uhr war und ich gehen durfte. Es fühlte sich alles so sinnlos an.

»Selbstständigkeit bedeutet: selbst und ständig!« Ich mag diesen Spruch nicht, weil er suggeriert, dass es etwas Schlechtes wäre, wenn man ständig man selbst ist. Ja, sollte ich denn wirklich bis zur Rente so weitermachen? Meine ganze Energie in eine Arbeit stecken, die nicht gesehen wird? Einem Chef hinterherrennen, der nicht mal den Anstand besaß, vereinbarte Termine einzuhalten? Dabei füllte meine Arbeit vor allem sein Portemonnaie, während ich mich hin und wieder mit einer Gehaltserhöhung von maximal ein paar Hundert Euro brutto abfinden sollte.

Nach einer Weile nutzte ich die Zeit, in der ich »arbeitslos« am Schreibtisch sitzen bleiben musste, um meine nebenberufliche Selbstständigkeit als Lektorin zu starten. Zunächst korrigierte ich Artikel für ein Online-Nachrichtenportal. Daraus ergab sich ein erstes Buchlektorat und bald weitere Aufträge, bis ich mit großer Genugtuung meine Kündigung vorlegen konnte. Das war mein Start in die hauptberufliche Selbstständigkeit. »Selbst und ständig«. Eine Warnung? Für mich nicht. Was gibt es Schöneres, als man selbst zu sein – und das ständig? Ich hatte es gewagt: den Schritt in die Selbstständigkeit!

»Selbst und ständig« – Wie die Warnung zur Realität wurde

Die ersten Monate waren einfach magisch. Niemand verlangte von mir, dass ich zu einer bestimmten Uhrzeit an einem bestimmten Ort war. Hatte meine Tochter mal keine Lust auf Kita, war sie eben »Mittagskind« und ich verlegte meine Arbeitszeit auf den Vormittag und den Abend, nachdem ich sie ins Bett gebracht hatte. Stand bei meinem Sohn eine Klassenarbeit an, hatten wir nach der Schule genügend Zeit zum Lernen. Da ich von zuhause aus arbeitete, konnte ich jeden Tag anderthalb Stunden einsparen, die ich zuvor für den Arbeitsweg gebraucht hatte. Ich genoss die Freiheit, an einem ganz normalen Mittwochvormittag zum Frisör zu gehen oder einfach mal einen Tag blauzumachen, wenn mir nicht nach Arbeit war. Wurde mir das Arbeiten zuhause zu eintönig, schnappte ich mir den Laptop und arbeitete in einem Café oder in meiner Lieblingsbibliothek.

Ich konnte arbeiten, wann und wo ich wollte. Doch das Wann wurde schnell zu einem Immer. Regelmäßig rückte der Feierabend erst nach 22 Uhr in greifbare Nähe. Die seltenen freien Wochenenden fühlten sich an wie ein Jahresurlaub. Zwei Tage lang nicht arbeiten – ein Traum! Hatte ich mal etwas mehr Zeit für mich und meine Kinder, war halt Ebbe im Portemonnaie. Konnte ich uns einen schicken Sommerurlaub mit allem Drum und Dran genehmigen, war ich die Wochen davor am Rande des Burnouts, um das nötige Kleingeld dafür zu verdienen. Es hieß also: Existenzängste, weil die Miete für den nächsten Monat noch nicht in Sichtweite war, oder Herzinfarktgefahr vor kaum zu bewältigender Auftragsflut. Ackern, Bangen, Ackern, Bangen. Fünf Jahre lang habe ich dieses Auf und Ab durchlebt. Das konnte es auf Dauer doch auch nicht sein! Dabei liebte ich meinen Job. Mit jedem neuen Manuskript lernte ich etwas Neues dazu. Ich erhielt so viel Dankbarkeit und Wertschätzung von den Schreibenden, die nach meiner Bearbeitung einen verständlicheren, runden Text veröffentlichen konnten. Leidenschaft und Qual können manchmal so nah beieinander sein.

In den Zeiten, in denen ich von frühmorgens bis spätabends und jedes Wochenende kaum etwas anderes tat, als zu arbeiten, wuchs wieder das schlechte Gewissen gegenüber meinen Kindern. Dann war das ihnen zugerufene »Ich komme gleich!« schon wieder zwei Stunden her. Aber sie wollten mir doch zeigen, was sie gebastelt hatten, oder brauchten Hilfe bei den Hausaufgaben. Doch auf der anderen Seite warteten Kund:innen, die auf Zuruf ihre Texte für Social Media lektoriert haben wollten. Es dauerte ja nur ein paar Minuten – brachte aber auch nur ein paar Euro. Ich fühlte mich irgendwann nur noch an der Grenze zum Burnout.

Ich fragte mich: Wer bin ich hier eigentlich? Die Mama, die keine Zeit hat, die gestresst vor dem Laptop am Esstisch sitzt. Die Lektorin, die kleine Aufträge bekommt, die sie gerade so über Wasser halten und manchmal auch kurz untergluckern lassen (nächsten Monat zahle ich eben die doppelte Miete, kann ja mal passieren …). Nein, so konnte es wirklich nicht weitergehen!

Die wichtige Rolle vom »Selbst« in der Selbstständigkeit

Ich besuchte Netzwerktreffen, um von Menschen zu lernen, die es anders geschafft hatten – mit Ruhe und Gelassenheit zum ausbalancierten Auftragsbuch. Aber jedes Mal, wenn ich mich fremden Menschen vorstellen sollte, war ich wahnsinnig aufgeregt und erkannte mich selbst nicht wieder. Da stand ich mit zitternden Mundwinkeln, piepsiger Stimme und Armen, die partout keine vernünftige Haltung einnehmen wollten. Ich wirkte so, wie ich mich fühlte: Da stand die kleine Lektorin, die für jeden Auftrag dankbar war.

In diesem Moment habe ich jedoch etwas begriffen, das alles verändert hat: Mein inneres Bild von mir selbst wurde gar nicht durch die äußeren Umstände bedingt – sondern schuf sie erst! Das klingt tatsächlich erstmal verrückt. Aber bei näherer Betrachtung ist es nur logisch. Ich war nicht die kleine Lektorin, weil ich nur kleine Aufträge bekam und damit kaum den Lebensunterhalt bestreiten konnte. Ich verharrte in diesem Struggle, weil ich mich selbst innerlich so kleinmachte! Da ich mich als kleine Freiberuflerin wahrnahm, gab ich mich auch entsprechend so und pflanzte dieses Bild von mir auch in die Köpfe meiner potenziellen Kund:innen. Entsprechend blieb ich auch so, wie ich mich wahrnahm. Daraus ergab sich schließlich die wichtige Anschlussfrage: Was passiert, wenn ich mich selbst als das wahrnehme, was ich sein WILL? Aber dazu musste ich natürlich erstmal wissen, was ich wollte. Klingt so banal, ist es jedoch nicht.

Nach intensiver »Innenrecherche« hatte ich mir mein Wunschbild von mir selbst kreiert und war sogar etwas überrascht: Erfolgreich sein, Geld haben, das nicht nur die Kosten deckt, sondern auch Freiräume für größere Wünsche schafft – klar, das waren wichtige vorhandene Wünsche. Was ich aber wirklich wollte, ging noch weiter: Ich wollte eine entspannte, in sich ruhende Mama sein, die alles im Griff hat. Dazu gehörten auch die Finanzen, denn Entspannung bedeutet für mich auch finanzielle Sicherheit. Doch bei diesem vagen Bild konnte ich es nicht belassen. Um es in die Realität übertragen zu können, musste ich ins Detail gehen. Also fragte ich weiter: Wie konnte ich meine Selbstständigkeit so gestalten, dass ich dieses Gefühl der finanziellen Sicherheit und der daraus resultierenden Ruhe erreichen konnte? Mit dem Lektorat allein konnte ich nur bis zu einer gewissen Grenze kommen. Doch ich wollte mehr, ich wollte Größeres.

Von der kleinen Lektorin zur Agenturinhaberin

Meine liebste Kundschaft waren immer die Selfpublisher:innen. Ihnen geht es selten darum, mit ihren Büchern das große Geld zu machen. Stattdessen steht im Selfpublishing die Botschaft im Vordergrund. Selbstveröffentlichende Autor:innen wollen mit ihrem Werk, in das sie so viel Herzblut gesteckt haben, ihre Geschichte oder ihre Expertise in die Welt tragen. Es machte mir unheimlich viel Spaß, diese Vision mit meinem Lektorat zu unterstützen. Mit meiner Arbeit war die Selfpublishing-Reise allerdings noch nicht vorbei. Denn für eine erfolgreiche Veröffentlichung braucht es weitere Schritte als »nur« einen qualitativ guten Text: Das Cover muss gestaltet, der Text ordentlich gesetzt, die passende Publikationsform (Amazon, andere Selfpublishing-Distributoren oder die kleine Druckerei von nebenan) gewählt und entsprechende Marketingmaßnahmen angestoßen werden. Ich beschloss also, meine Dienstleistung auf die Unterstützung im gesamten Selfpublishing-Prozess auszuweiten – und musste sofort die nächste Entscheidung treffen: Sollte ich mir die fehlenden Skills selbst aneignen, die es neben dem Lektorat für mein erweitertes Angebot braucht, oder hole ich mir die entsprechende Expertise in Form von Kooperationen mit Profis dazu? Die Antwort war schnell gefunden. Ich wollte mich nicht in zeitintensiven Weiterbildungen verlieren und am Ende doch nicht so gute

Qualität bieten können wie Menschen, deren täglich Brot aus diesen Aufgaben bestand. Also sprach ich mit Expert:innen in Sachen Grafikdesign und Marketing. Sie waren von meiner Idee begeistert und wollten gern mit an Bord sein. Damit war meine Agentur gegründet.

Diese Entscheidung bewirkte bereits den Wandel von der kleinen Lektorin zur Agenturinhaberin. Allein die Bezeichnung »Agenturinhaberin« klang schon sehr viel besser – und auch etwas furchteinflößend. Konnte ich das wirklich? Schließlich hatte ich das noch nie gemacht! So ist es ja oft: Wenn wir etwas zum ersten Mal machen sollen, meldet sich sofort die Panik. Wir können auf keine Erfahrungswerte zurückgreifen, die uns sagen könnten, wie wir am besten vorgehen. Doch dann erinnerte ich mich daran, dass ich meinen Ist-Zustand ändern wollte und dazu musste ich zwangsläufig etwas radikal anders machen als bisher. Ich dachte auch an andere erste Male zurück. Der erste Tag in der Uni. Das erste Kind. Der erste Auftrag als Lektorin. Bei keinem dieser ersten Male hatte ich zuvor eine konkrete Vorstellung gehabt, wie ich das schaffen sollte – weil ich es eben noch nie zuvor getan hatte. Dennoch habe ich diese Schritte gewagt und gemeistert.

»WIR!« statt »ich«!

Als Nächstes wurde mir klar, dass ich mich als Agenturinhaberin nicht mehr ausschließlich um das Lektorat kümmern konnte. Ich würde meine Beratungsleistungen erweitern und auch die Aufgaben rund um Design und Marketing koordinieren müssen. Der ganze Prozess wäre durch mich als einzige Lektorin gebremst worden – der klassische Flaschenhals. Das Lektorat ist der zweitaufwendigste Posten, sodass alle warten müssten, bis ich fertig bin. Also musste ich mir auch Unterstützung für das Lektorat organisieren. Die Buchgestaltung und das Marketing sind in sich geschlossene Posten, die ich gut nach außen an meine Kooperationspartnerinnen abgeben konnte. Aber mit meinen lektorierenden Kolleginnen wollte ich möglichst eng zusammenarbeiten. Daher stellte ich zwei Werkstudentinnen ein.

In meinen Angestelltenjobs hatte ich immer auch ein kleines Team zu führen, daher wusste ich z. B. wie wichtig eine offene und klare Kommunikation ist und dass Wertschätzung niemals überbewertet sein kann. Doch als Teamleiterin hatte ich immer noch Vorgesetzte über mir gehabt, an die ich mich wenden konnte oder an die ich auch mal die Verantwortung abtreten konnte. Nun sollte ich die alleinige Chefin sein – zum ersten Mal und daher wieder mit einer ordentlichen Portion Muffensausen! Inzwischen war mir klar, dass diese Angst ein großartiger Indikator dafür ist, dass ich auf dem richtigen Weg bin. Diese Erkenntnis gab mir einen unglaublichen Energieschub. Es machte riesigen Spaß, die Stellenanzeige zu schreiben, Bewerbungen zu lesen und erste Gespräche zu führen. Schnell habe ich mit Anna und Marilisa zwei großartige Werkstudentinnen gefunden, die meine Arbeit nicht nur hervorragend unterstützen, sondern auch bereichern.

Nachdem mein Team zunächst komplett war, hörte ich mich in Gesprächen mit interessierten Schreibenden und Kund:innen plötzlich Sätze sagen wie »Darum kümmern wir uns.«, »Das werde ich an meine Grafikerin weiterleiten.« Es gab nicht mehr nur »ich«, sondern ein richtiges »WIR«. Wir waren ein Team! Ich genoss es sehr, jetzt selbst die Chefin sein zu können, die ich mir als Angestellte gewünscht hatte: voller Vertrauen in die Arbeit meiner Mitarbeitenden. Es war ein unfassbarer Switch in mir passiert. Ich hatte mich von der kleinen Lektorin zur erfolgreichen Agenturinhaberin gewandelt! Erfolgreich? Wir hatten ja noch gar nicht die Kundschaft, die mit uns den gesamten Selfpublishing-Weg gehen wollte. Aber mein Bild von mir selbst, das ich mir bei jeder Gelegenheit vor das innere Auge führte, zeigte mir genau diese Tanja, die erfolgreich ihre großartige Agentur für Selfpublisher:innen führte!

Die nächste Anfrage einer angehenden Selfpublisherin ließ nicht lange auf sich warten. Ich beantwortete sie entsprechend meinem neuen Ich mit einem Angebot für das Komplettpaket – vom Lektorat über Covergestaltung und Buchsatz bis zur Begleitung bei der Veröffentlichung. Sie nahm sofort an und damit war ein weiterer Schritt zur Verwirklichung meines inneren Bildes getan: Wir hatten die erste richtige »Agenturkundin«!

Juhu: Selbst und ständig!

Wenn ich mich jetzt an den Abwasch mache, tue ich das nicht mehr aus einem Entspannungsbedürfnis heraus. Ich weiß, dass mein Team währenddessen den Laden am Laufen hält und nicht mehr alles nur an mir hängt. Dennoch nutze ich die Zeit immer noch gern, um mich meinen Gedanken hinzugeben. Dabei festige ich mein inneres Bild von der erfolgreichen Agenturinhaberin. Ich habe ein motiviertes, gut organisiertes Team. Meine Zeit kann ich mir nun wirklich selbst einteilen, sprich: Ich arbeite nicht mehr zu jeder Tag- und Nachtzeit. Aber ich bin ständig ich selbst.

Unser Kundenstamm wächst kontinuierlich. Denn meine Erkenntnis, dass das Innere das Äußere beeinflusst und nicht umgekehrt, ist mein wichtigster Treiber. Immer wenn ich Entscheidungen treffen muss, denke ich an mein Bild von »Tanja, der erfolgreichen Agenturinhaberin« und weiß, wie sie – wie ich! – zu entscheiden hat. Inzwischen muss ich mir dieses Bild nicht mehr aktiv vorstellen, denn ich bin es selbst. Kleine Anfragen für Lektorate, die mich kaum über Wasser halten können, bekomme ich nicht mehr. Stattdessen ist unser Auftragsbuch für die nächsten Monate mit spannenden Buchprojekten gefüllt. Ich bewege mich nicht länger in dem Spannungsfeld zwischen Ackern und Bangen. Stattdessen bin ich erfüllt von Ruhe und Entspannung. Ich kann mich auf ein großartiges Team verlassen, das ich so wahnsinnig gern koordiniere und mit dem ich wundervolle Buchprojekte realisiere. Und dadurch bin ich mehr denn je ich selbst – und zwar ständig!

Die Magie deines Selbstbildes: Wie deine Vorstellungskraft dein Leben formt

Bianca Gabbey

Wir haben bereits festgestellt, dass deine Gedanken einen massiven Einfluss auf dein Leben haben. Das gilt natürlich auch für die Gedanken, die du über dich selbst hast. Deine Meinung über dich, auch Selbstbild genannt, ist wie die unsichtbare Architektin, die im Hintergrund die Struktur deines Lebens entwirft. Sie beeinflusst nicht nur, wie du dich selbst siehst, sondern spielt eine entscheidende Rolle dabei, welchen Weg du im Leben gehst.

Tanja hat genau das erlebt: Sie hat ihre Meinung über sich geändert und konnte damit ihr ganzes Leben so gestalten, dass es sich zu ihrem Traumleben entwickelte.

Maxwell Maltz beschreibt in seinem Buch »Psychokybernetik«, wie jeder Mensch seine eigene Wahrnehmung von seiner Realität erschafft: Die Art und Weise, wie du dich selbst siehst, formt aktiv die Welt um dich herum und deine

Wahrnehmung von dem, was dir widerfährt und begegnet. Selbst die Reaktion der Menschen auf dich wird von deinem Selbstbild bestimmt.

Stelle dir dein Selbstbild als Bauplan vor, der die Struktur deines Lebens entwirft. Wenn dieser Bauplan von positiven Überzeugungen, Selbstliebe und einem klaren Sinn für deine eigenen Fähigkeiten geprägt ist, entsteht eine Lebensrealität, die von Erfüllung, Erfolg und Resilienz geprägt ist. Die Menschen reagieren positiv auf dich und du erzielst positive Ergebnisse. Alles, weil du eine gute Meinung von dir selbst hast.

Doch wie kannst du dein Selbstbild bewusst gestalten, um ein neues, erfüllenderes Leben zu kreieren?

Visualisierungstechniken, positive Affirmationen und bewusste Selbstgespräche sind super Tools, die dir helfen können, ein wirkungsvolles Selbstbild zu etablieren.

- Visualisierungstechniken: Nutze regelmäßige Visualisierungsübungen, um dein ideales Selbstbild zu formen. Stelle dir lebhaft vor, wie du deine Ziele bereits erfolgreich erreicht hast. Wie fühlt es sich an? Unser Gehirn kann nicht unterscheiden, ob wir es erlebt oder gedacht haben. So nutzt du die Neuroplastizität allein durch deine Gedankenkraft für dich.
- Affirmationen: Integriere positive Affirmationen in deinen Alltag. Wiederhole Sätze, die dein Selbstbewusstsein stärken. Denn durch Wiederholung wird diese Affirmation zu einem neuen und positiven Glaubenssatz. Ich sage mir zum Beispiel nicht mehr, dass ich unsportlich bin. Denn es entsprach bis vor eini-

gen Jahren auch der Wahrheit. Ich sage mir jetzt immer: »Ich bin sportlich.« Und siehe da: Es fällt mir nun superleicht, mich zum Sport zu motivieren. Na klar, ich bin ja auch sportlich!

- Selbstgespräche optimieren: Achte auf deine inneren Dialoge. Ersetze selbstkritische Gedanken durch konstruktive und unterstützende Aussagen. Hierdurch wird dein Selbstbild positiv beeinflusst. Sage dir also nicht: »Das schaffe ich nicht.« Sondern sage dir: »Ich kriege das schon irgendwie hin.«

Verschiedene Studien haben die tiefgreifende Wirkung eines positiven Selbstbildes auf unterschiedliche Lebensbereiche bewiesen. Forschungen von Taylor und Brown (1988) ergaben beispielsweise, dass Personen mit positiven Vorstellungen von sich selbst tendenziell weniger gestresst sind und ein höheres Wohlbefinden haben.[9]

Im beruflichen Kontext untersuchte eine Studie von Judge und Bono (2001), ob eine Beziehung zwischen der Meinung von sich selbst und der beruflichen Leistung besteht.[10] Das Ergebnis war eindeutig: Menschen mit einem positiven Selbstbild erreichen meist höhere Ziele und haben eine höhere Motivation.

Ein positives Selbstbild ist also eine gesunde Basis für dein persönliches Wohlbefinden, mehr Erfolg und die Erfüllung in allen Lebensbereichen.

---

9 Vgl. https://psycnet.apa.org/record/1988-16903-001.
10 Vgl. https://psycnet.apa.org/record/2005-02538-004.

Das ist
Robert Gschwandtner

Wohnort Großraum Linz, Oberösterreich

Alter 51

Webseite
www.von-grau-zu-bunt.com

Was machst du beruflich?
Lebens- und Sozial-berater, Trainer, Coach, Medium

Was zeichnet dich persönlich aus? lustig, ehrlich, gesellig, ein Familienmensch, das Herz am rechten Fleck

Welches Tier wärst du? Adler

Wie ist deine familiäre Situation? verheiratet, zwei irdische Kinder, ein Kind ist leider verstorben, wohnhaft in einem Einfamilienhaus

Lieblingszitat/Motto Nutze den Tag.

Die Reise zu meinem wahren Ich.

Robert Gschwandner

»WAS!? Du hast gekündigt? Ja, bist du denn vollkommen verrückt? Wieso hast du das gemacht, noch dazu in Zeiten wie diesen? Was willst du jetzt stattdessen tun?«

So oder so ähnlich waren die Reaktionen auf die Kündigung meines sicheren Lehrerjobs, den ich über 20 Jahre lang ausgeübt hatte.

Und um ehrlich zu sein, konnte ich die Fragen und auch die Reaktionen auf meine Kündigung vollkommen verstehen. Mein Kopf sagte zu jeder Frage: »Das habe ich mich auch gefragt!« Oder auf jede Reaktion: »Ganz meine Rede!« Ich war also zerrissen.

Aber wie war es zu dieser Situation gekommen?

Ich wuchs am Randgebiet einer österreichischen Großstadt gemeinsam mit meinen Eltern und meiner fast zehn Jahre älteren Schwester in einer Genossenschaftswohnung auf. Meine Schwester hat sich bald von zu Hause verabschiedet und ist ihren eigenen Weg gegangen, also war ich mit meinen Eltern allein. Ich war ein sehr guter Schüler und auf Anraten meines Direktors machte ich anschließend eine Ausbildung in einer höheren technischen Schule für Gebäudetechnik. Nach Ableistung meines Präsenzdienstes begann ich, in diesem Bereich als technischer Angestellter zu arbeiten.

Familienglück mit Aufs und Abs

Zeitgleich lernte ich damals meine heutige Frau Ulla kennen. Als wir uns ein sicheres Fundament geschaffen hatten, wurde Ulla schwanger und unsere Tochter Nina erblickte das Licht der Welt. Der lang gehegte Traum einer Familie ging endlich in Erfüllung. Wir waren überglücklich.

Doch die neue Familienkonstellation brachte einige Schwierigkeiten mit sich. Ich war plötzlich »nur« noch Vater. Die Paarbeziehung mit Ulla existierte nicht mehr wirklich. Wenn Nina in unserer Mitte war, war auch meine Welt in Ordnung. Ich wusste nicht, worüber ich mit Ulla reden konnte. Meine neue Vaterrolle erfüllte mich. Aber wenn Nina am Abend schon in ihrem Bett lag, wussten wir nichts mehr mit uns anzufangen. Wir redeten nur über unsere Tochter bzw. über unsere Tätigkeiten und Aufgaben als Eltern. Immer größer wurde die Distanz zwischen Ulla und mir. Ich spürte das, war aber nicht in der Lage, selbst etwas dagegen zu tun. Wir holten uns Hilfe von einer guten Freundin. Mit ihr war es uns möglich, Raum und Zeit für uns selbst zu finden und gleichzeitig unser gemeinsames Sein

als Paar neu zu erleben. Damit war unsere Partnerschaft gerettet. Was uns für unser vollkommenes Glück fehlte, war
ein zweites Kind. Fast zehn Jahre lang blieb unser Wunsch
unerfüllt. Dann, als wir die Hoffnung schon aufgegeben hatten, erblickte endlich unsere zweite Tochter Emilia das Licht
der Welt. Doch dieses Glück währte nicht lange. Kurz nach
der Geburt wurde ihr das Down-Syndrom diagnostiziert.
Damit verbunden trat leider auch ein schwerer Herzfehler
bei ihr auf. Die Ärzte rieten uns nach ca. drei Monaten zur
Herzoperation unserer kleinen Maus. Ich konnte nicht wirklich greifen, was das für Emilia, meine Familie und mich be-
deuten würde. Alle Vorbereitungen für die bevorstehende
Operation wurden getroffen und dann geschah ein Wunder.
Emilia machte eine Spontanheilung. Sie reparierte ihr Herz
so, dass eine sofortige Operation nicht mehr notwendig
war. In diesem Moment fühlte ich mich unbesiegbar.

Ich begann, an Wunder zu glauben.

Meine erst drei Monate alte Tochter vollbrachte dieses
Wunder und wir konnten das Spital wieder verlassen. Nie in
meinem Leben war ich so glücklich, ein Spital verlassen zu
können. Die nächsten elf Monate waren trotzdem ein Auf-
und Ab der Gefühle. Unterbrochen von wiederkehrenden
Herzuntersuchungen genossen wir unser Familienleben mit
zwei Kindern in unserem Einfamilienhaus in einer Rand-
gemeinde von Linz in Oberösterreich in vollen Zügen.

Die Sinnsuche nach der Katastrophe

Doch unser anfängliches Glück fand ein unerwartetes,
plötzliches Ende als Emilia am 5. April 2016 in den Armen

meiner Frau verstarb. Das Leben stand Kopf, wir wurden alle kräftig durchgeschüttelt und dann wieder in unsere gewohnte Umgebung zurückgestellt. Es folgte ein langer Kampf ums Überleben. Schließlich hatte ich noch ein Kind. Trotzdem war innerlich alles anders für mich. Da war diese unbeschreibliche Leere in mir. Dieses Loch in meinem Herzen, das Emilia zurückgelassen hatte. Dieser Schmerz war fast nicht auszuhalten. Das Schlimmste, das es in meiner Vorstellung gab, passierte mir. Wie sollte ich jemals wieder aus diesem tiefen, dunklen Loch herauskommen, geschweige denn ein glückliches Leben führen?

Es folgte eine lange Zeit des Funktionierens für mich als Mann. Mir stand kein Werkzeug für diese Situation zur Verfügung. Erst durch ein Männer-Mentoring im Jahr 2017 fand ich wieder zurück in mein Leben. In diesem Jahresprogramm beschäftigte ich mich ganz bewusst mit mir selbst. Ich ging der Frage auf den Grund, was ich mit den Einflüssen des Lebens mache und – noch viel wichtiger – was durch mich gelebt werden will. Was ist der Sinn meines Lebens? Das war der Grundstein für mein jetziges Leben, ein Leben nach der größten Katastrophe.

Seit über 15 Jahren war ich Lehrer in einer Berufsschule für Gas-, Wasser- und Heizungstechniker:innen. Doch dieser Job erfüllte mich nicht mehr. Drei Tage nach Emilias Tod stand ich wieder in der Klasse. Innerlich fühlte ich mich hohl. Da stand quasi nur noch meine Hülle. So ging es mir im ganzen ersten Jahr. Immer öfter kam in mir das Gefühl hoch, fehl am Platz zu sein. Angestoßen durch das Männer-Mentoring, bekam ich Antworten auf viele Fragen, die ich mir als Junge, als junger Mann und als Familienvater gestellt hatte. Immer deutlicher wurde, dass das, was ich machte, nicht meinem wahren Kern entsprach. Was ich nicht mehr wollte, das wusste ich in groben Zügen. Was mir zur Gänze fehlte, war, was ich wollte: mein wahres Ich.

Mit einem Coach machte ich erste Schritte zu meinem neuen Selbst. Ich überlegte, ob ich nicht in Zukunft selbstständig arbeiten wollte. Aber womit sollte ich mich selbstständig machen? Da ich gern mit Menschen zusammenarbeite und an deren Wohl interessiert bin, wurde mir von meinem damaligen Coach die Ausbildung zum Lebens- und Sozialberater empfohlen. Das ist die gesetzliche Grundlage, um Menschen in einem 1:1-Setting zu beraten. Diese Ausbildung ist bei uns in Österreich Pflicht, in Deutschland und der Schweiz jedoch nicht. Anfangs ärgerte ich mich fürchterlich über unsere Gesetzgebung, aber im Nachhinein war es für mich ein weiterer, sehr wichtiger Schritt zu mir und meinem wahren Ich.

Mein Weg als Brückenbauer zwischen Jung und Alt

Da war ich also, mitten in meiner Ausbildung mit wenigen Ideen für meinen zukünftigen Job und einem immer größeren Unbehagen in der Brust in Bezug auf meine aktuelle Jobsituation. Natürlich bringt das Lehrerdasein sehr viele Vorteile mit sich: ein gesichertes, sehr gutes Einkommen, viel freie Zeit in den Sommerferien gemeinsam mit der Familie usw. All das hielt mich sehr lange davon ab, weitere Schritte in Richtung meines wahren Ichs zu gehen.

Ich befand mich »im Pflichtprogramm zur neuen Tätigkeit«. Wie mir schon aus meiner Vergangenheit bekannt war, arbeitete ich Punkt für Punkt die Liste ab, um die Voraussetzungen für meine neue Tätigkeit – die abgeschlossene Ausbildung zum Lebens- und Sozialberater – zu erfüllen. Ich war also auf dem Weg der Veränderung und die ersten Schritte waren getan. Ich arbeitete an meiner Weiterbildung und wusste genau, was ich nicht mehr wollte. Ich spürte es deutlich in meiner Brust. Aber wie sollte der nächste Schritt aussehen, wie konnte ich zu meiner neuen Aufgabe kommen? Ich hatte in meinem Leben schon viel erreicht, größtenteils durch mein eigenes Tun, durch meine Schaffenskraft. Doch in manchen Bereichen braucht man den Blick von außen oder vielleicht aus der Vogelperspektive. Das konnte ich nicht selbst erbringen, dazu brauchte ich Unterstützung. Diese fand mich, sie flog mir sozusagen zu, in Form von Bianca aus Berlin. Die Sympathie war sofort da und damit dieses Gefühl des Vertrauens und des Wohlwollens. Unter ihrer Anleitung veränderte sich der Blickwinkel auf mein Problem. Schritt für Schritt ging ich meinen neuen Weg. Wie wenn man mit dem Auto fährt, die Sonne schon leicht wahrnimmt und es dabei immer heller wird, der Nebel sich lichtet und man plötzlich klare Sicht auf den Weg hat. Ich stellte mir gezielte Fragen und analysierte meine immer wiederkehrenden Probleme. Fand neue Antworten und Lösungswege für mein Hauptproblem. Und nach langem Verändern, Ausprobieren und Tun war er da, der neue Weg! Ich kam schlussendlich bei meinem Bauchgefühl an. Ich, der eine technische Ausbildung genossen hatte, der sich mit der logischen Entscheidungsfindung super Erfolge im Leben geschaffen hatte und trotzdem in vielen wichtigen Bereichen immer und immer wieder dieselben Runden gedreht hatte. Diese Runden waren schmerzhaft und wiederholten sich im Laufe der Zeit unverändert. Plötzlich waren da erste Erfolge, bemerkenswerte Verbesserungen in den sonst so schmerzhaften Erfahrungen. Ich roch quasi Lunte und eine ganz neue Welt eröffnete sich für mich. Weg vom Verstand, also natürlich nicht gänzlich, in einem ausgeglichenen Maß, hin zu dem Fühlen meines Weges. Meine Bauchentscheidungen haben sich immer als richtig herausgestellt. Niemals war da eine »falsche« Entscheidung, immer erzeugte die »unlogische« Antwort auf Fragen die Erfolge, die ich mir immer gewünscht hatte. Und damit war mein neuer »Kompass« installiert und in vollem Gange bei meinen Entscheidungen, auch wenn mein Kopf bei vielen dieser Entscheidungen laut aufgeschrien hat.

Junge Menschen, die in ihrer Umgebung keine Vorbilder mehr haben, weil vielleicht der Vater nicht präsent ist oder vielleicht von der Mutter geschieden ist und sich nicht um sein Kind kümmert: Dort ist mein Wirken. Dort bin ich erfüllt, dort kann ich was bewegen. Ich bin selbst noch in der analogen Welt großgeworden und habe trotzdem eine riesige Portion Erfahrung mit Jugendlichen. Diese beiden Welten will ich vereinen. Also eine Brücke bauen und nicht, wie so viele, eine Mauer. Denn laut meinem Vater taugen die jungen Menschen nichts mehr. Sie seien faul, ließen sich bedienen und lebten von den Dingen, die frühere Generationen aufgebaut haben. Um ehrlich zu sein, trage ich dieses Bild auch in mir. Schon oft sind mir solche Menschen begegnet, die anscheinend nichts interessiert, die nur am Handy hängen und mit dem Daumen Wisch-Bewegungen machen, um zum nächsten Video bzw. Clip zu gelangen.

Auf der anderen Seite sehe ich das Potential in diesen

Menschen. Ihre Probleme, die sie haben mit der Welt da draußen, die immer stärker reglementiert, Verbote ausspricht, um einen Rahmen für das Zusammenleben zu setzen. Ungefilterte Informationen, die 24 Stunden auf die Jugendlichen niederprasseln und die für die Wahrheit gehalten werden. Dieses glitzernde Leben von anderen Jugendlichen, die tausende von Followern auf ihrem TikTok-Kanal oder ihrem Insta-Account haben. Die dem Rest der Menschheit zeigen, wie Leben sein kann. Leicht, schnell und groß. Zwischen diesen Welten wandere ich, verstehe beide und kann aus beiden Welten das Beste für die jeweils andere Seite herausnehmen. Nur gemeinsam werden wir die Probleme dieser Menschheit lösen. Wie eine Fußballmannschaft auch nicht nur aus alten und erfahrenen Spielern oder aus lauter Jungstars besteht. Es braucht beides. Und davon müssen wir das jeweils Beste nehmen und daraus neue Lösungsansätze entwickeln. Mit dem Wissen »der Alten« und den Möglichkeiten »der Jungen«.

Daher schenke ich jungen Menschen mein Gehör, bin für sie in Zeiten großer Herausforderungen da und begleite sie in diesen schwierigen Situationen. Sei es nun in Lehrlingsworkshops, in Einzelcoachings oder in einem Firmensetting. Immer wieder vergleiche ich, wie beide Seiten an ein Problem herangehen, und reflektiere mit ihnen darüber. Das erfüllt mich zutiefst und lässt mich spüren, dass ich auf meinem Weg bin. Ich bin ein Brückenbauer, ein Mensch, der schon viele Situationen am eigenen Leib verspürt hat und daher weiß, wovon er spricht. Mit meiner ehrlichen, lockeren und witzigen Art kann ich schwere Themen genau so behandeln wie scheinbar leichte.

Der Blick in die Geistige Welt und meine Weiterentwicklung

Ich verbinde Wissensvermittlung mit Spaß und Leichtigkeit, genauso wie es mir meine verstorbene Tochter Emilia vorgelebt hat. Die Ärzte hatten gesagt, Emilia würde bei Anstrengung blau anlaufen oder müde und schnell lethargisch werden. Aber das genaue Gegenteil war der Fall. Sie war quietschvergnügt, lebensfroh und hatte stets ein Lächeln im Gesicht. Sie hat mir gezeigt, dass man selbst in schwierigen Situationen immer etwas Positives finden kann, das Orientierung gibt.

Emilia hat mir eine völlig neue Welt gezeigt: das Jenseits oder, wie es viele Menschen nennen, die Geistige Welt. Vor Emilias Geburt war ich der Meinung, nach meinem physischen Tod gebe es nichts mehr. Da sei es aus und vorbei. Meinen ersten Kontakt mit der Geistigen Welt hatte ich ca. drei Monate nach Emilias Tod. Ulla bekam die Möglichkeit eines Jenseitskontaktes durch ein englisches Medium. Sie fragte mich, ob ich zu diesem Termin mitgehen möchte. Da ich mich damals an jeden Strohhalm klammerte, um nicht in meiner Trauer zu ertrinken, sagte ich Ja. Bei diesem Termin wurde die Tür in die Geistige Welt für mich geöffnet. Die Dame beschrieb mir ein kleines Mädchen, in einem süßen weißen Kleidchen, am Boden sitzend, lachend. Sie schien sich auf eine ganz eigenartige Art und Weise fortzubewegen. So wie das alles beschrieben wurde, so klar und deutlich, spielte mein Verstand verrückt. Wie war das möglich, dass eine Wildfremde meine verstorbene Tochter so genau beschreiben konnte? Die Botschaft meiner Tochter war so berührend. Ulla und mir schossen die Tränen in die

Augen, ich war komplett durch den Wind. Meiner Tochter ging es, dort wo sie jetzt war, extrem gut und sie verstand nicht, warum wir so traurig waren. Es ging ihr doch gut!

Nach diesem Termin verändert sich auch dieser Bereich um 180 Grad.

Ich ließ mich zum Medium ausbilden. Das ist eine Person, die Kontakt mit der Geistigen Welt aufnimmt und Botschaften aus dieser für die Angehörigen übermittelt. Seit dieser Zeit habe ich schon viele Botschaften an Menschen überbracht, die nach Antworten suchten und sie von verstorbenen Personen erhielten. Außerdem kombiniere ich die Informationen aus der Geistigen Welt mit meinen Impulsen und kann dadurch noch besser auf die Probleme und Anliegen meiner Klient:innen eingehen. Ich nenne das mediales Coaching, eine perfekte Mischung aus erdigen Wurzeln und Inspiration von oben.

Alles hat einen Sinn

Mein Leben hat sich seit dem Tod meiner geliebten Tochter komplett verändert. Ich bin nochmals Vater für meinen Sohn Felix geworden, meine Beziehung zu Ulla ist tiefer als je zuvor und zu meiner großen Tochter Nina habe ich auch eine ganz besondere Vater-Tochter-Beziehung. Ich wäre heute nicht dort, wo ich bin, wenn mir all diese Ereignisse nicht passiert wären. Ich glaube seit damals nicht mehr an Zufälle. Alles hat einen Sinn. Außerdem werde ich ständig von vielen Helfer:innen aus der Geistigen Welt begleitet, allen voran von meiner geliebten Tochter Emilia. Und dann gibt es da noch jede Menge Menschen auf Erden, die mich unterstützen und mir zur Seite stehen. Gemeinsam machen wir diese Welt zu einem besseren Ort. Jede Person in ihrem eigenen Tempo, auf ihrem ganz persönlichen Weg zu sich selbst. Und ich darf diese Menschen begleiten.

Das ist meine Berufung.

Die Kraft der Dualität: Positives in jeder Situation finden

Bianca Gabbey

Robert hat die größte Angst der Menschen am eigenen Leib erfahren: Er hat den Tod seines Kindes gesehen. Damit hat er eine der größten Wellen genommen, die uns das Leben bieten kann.

Im Ozean des Lebens begegnen uns ständig unterschiedliche Wellen – manche sanft, andere stark. Doch sogar in den dunkelsten Augenblicken gibt es dieses kleine Licht der Hoffnung. Hier wirkt das Gesetz der Dualität oder Polarität. Es besagt, dass alles in der Welt aus Gegensätzlichkeiten besteht. Ohne den Schatten gibt es kein Licht, ohne Tränen kein Lachen, ohne Innen gibt es kein Außen.

Es braucht also das Zusammenspiel der Gegensätze, um

uns den jeweiligen Zustand bewusst erleben zu lassen. Gäbe es kein Unglück, könnten wir kein Glück empfinden.

Die Herausforderung im Leben besteht deshalb darin, in jeder Schwierigkeit das Positive zu entdecken. Denn das Gesetz der Dualität lehrt uns, dass die Höhen und Tiefen unseres Lebens miteinander verwoben sind.

So ebnet manchmal das Unglück den Weg für das Glück. Aufgrund der universellen Balance ist quasi garantiert, dass jede Erfahrung, selbst die scheinbar negativste, eine wichtige Rolle für unser Wachstum spielt.

Wenn es dir gelingt, den Nutzen für dich in der aktuellen Krise oder Herausforderung zu sehen, wirst du selbst in den dunkelsten Zeiten nach dem Positiven zu suchen. Es ist die Fähigkeit, aus der Dunkelheit einen Weg ans Licht zu finden und in jeder Situation einen Funken Hoffnung zu entfachen.

Robert ist es gelungen, eines der wahrscheinlich tiefsten Täler unseres menschlichen Lebens zu durchschreiten. Ich bin mir sicher, die hier vorgestellten Tools wirken bei Herausforderungen wie diesen, wie ein Tropfen im großen Ozean. In diesen schweren Situationen braucht es mehr als ein Buch und eine Änderung der Denkgewohnheit. In solchen schweren Situationen braucht es eine direkte und professionelle Begleitung.

Wenn du gerade »einfach nur« feststeckst und das Gute in einer Situation suchst, kannst du das »Positiv-Tagebuch« nutzen. Dieses Tool hilft dir, deine Perspektive zu wechseln und die andere Seite der Medaille zu sehen:

- Notiere täglich drei positive Ereignisse oder Momente, die dir ein liebevolles Lächeln oder ein gutes Gefühl beschert haben.
- Betrachte die Vielseitigkeit in den Momenten – das Gute inmitten der Herausforderungen. Spüre bewusst nach, wie die kleinen Freuden des Alltags einen Kontrast zu den Schwierigkeiten bilden.

Durch das regelmäßige Festhalten der positiven Erlebnisse wirst du sensibler für die schönen Momente des Lebens und schulst deine Fähigkeit für einen automatischen Perspektivwechsel. Deine Aufmerksamkeit verschiebt sich von den Herausforderungen hin zu den positiven Aspekten, die oft übersehen werden.

Das Positiv-Tagebuch wird nicht nur zu einer Quelle der Freude, sondern zu einem wirksamen Werkzeug, um deine Denkweise zu verändern und deinen Blick für das Gute in jeder Situation zu schärfen. Es ermöglicht dir, den positiven Fokus in deinem Leben zu stärken.

Das ist
Bianca Gabbey

Wohnort Berlin

Alter 49

Webseite
www.gabbeyundco.de

Was machst du beruflich?
Erfolgsmentorin, Expertin für intuitives Marketing

Was zeichnet dich persönlich aus? Ich trage mein Herz auf der Zunge und spreche meine Wahrheit mit Klarheit, Liebe und Humor.

Welches Tier wärst du? eine eierlegende Wollmilchsau

Wie ist deine familiäre Situation? Ich bin alleinerziehende Mutter von einer jetzt fast 20-jährigen Tochter.

Lieblingszitat/Motto Machen ist besser als perfkt.

Wenn Träume groß und größer werden

Bianca Gabbey

Das Flugzeug ist im Landeanflug und mir laufen die Tränen übers Gesicht. Ein Nachtflug in der Business Class liegt hinter mir. Ich bin erholt, habe gut gefrühstückt und weine mir die Augen aus. So hätte ich das auch nicht erwartet. Dieser Blick aus dem Fenster jagt mir einen Schauer durch den Körper. Ich bebe vor Glück.

Unter mir liegt der Ozean und eine Insel erstreckt sich neben der nächsten – Atolle, wie sie genannt werden. Diese mystischen Ringe, die so typisch für die Malediven sind.

MALEDIVEN! Kneif mich mal bitte! Ich bin im Landeanflug auf die Malediven. Und das in der Business Class. Kneifen! Jetzt! Ich habe es mir tatsächlich möglich gemacht – diesen

Traum. Eine Reise ins Paradies. Ich weine immer noch. (Und wenn ich gewusst hätte, was uns noch erwartet – ich hätte bis zur Ankunft in unserem Resort wahrscheinlich nicht mehr aufgehört.)

Diese Reise ist nicht einfach nur eine Urlaubsreise. Es ist ein Business-Retreat. Mein Business-Retreat, auf das mich fünf Teilnehmerinnen, meine Familie und eine Freundin als Co-Coach mit ihrer Familie begleiten.

Es ist kurz vor zehn, als wir in Mali landen. Ein unfassbares Blau begrüßt uns. Das Meer liegt direkt vor dem Flughafen. Einfach direkt davor. So blau! Ich habe schon viele schöne Meere gesehen. Aber dieses Blau lässt direkt wieder die Tränen aufsteigen. *Reicht jetzt auch mal*, denke ich und konzentriere mich auf meine Aufgabe: die Reiseleitung. Also suchen wir unsere Ansprechpersonen und machen uns bereit für den Transfer auf unsere Insel.

Seit drei Jahren veranstalte ich Business-Retreats ins Ausland, mit Frauen, ihren Kindern und meiner Familie. Die letzten Jahre ging es immer in eine kleine und sehr bodenständige Unterkunft im schönen Montenegro. Die Destination ist so außergewöhnlich für die meisten Deutschen, dass viele Frauen meiner Einladung gefolgt sind. Wir haben in einem Co-Working-Space und später in einem extra gebuchten Hotelzimmer die Workshops veranstaltet. Jedenfalls die Seminar-Einheiten mit Wissensvermittlung und Erarbeitungen fürs Business. Der Hauptteil der Arbeit und vor allem die Transformation sind beim Schwimmen im schönen Meer, auf abenteuerlichen Bootsausflügen und Sprüngen vom Boot ins klare Blau passiert. Hier gab es Gelegenheit für Gespräche und Ideenentwicklungen, die so an Tischen und auf Stühlen einfach nicht geschehen. Und so reiste jede Teilnehmerin mit einem riesigen Koffer voller neuer Gedanken und Gefühle nach Hause.

Dies war schon so ein außergewöhnliches und wirkungsvolles Format, wie es keiner am Markt angeboten hat. Diese Kombination aus beruflichem und privatem Zusammentreffen öffnet die Frauen auf eine so besondere Art und Weise. Diese Reisen wirken tief und lange nach. Denn die Erlebnisse sind einzigartig und transformierend – und jetzt auch noch die Malediven. *Wow*, sagt eine Stimme in mir die ganze Zeit. (Spoileralarm: Das sollte sie noch oft in den kommenden 12 Tagen sagen!)

Eine Schnapsidee wird Wirklichkeit

Die Malediven waren nie ein Ziel, das ich mir zugetraut oder offen gewünscht hätte. Im Grunde war es eine Schnapsidee, diese Reise zu planen. Eine Idee, die ich ganz bedenkenlos ausgesprochen habe, als wir das Jahr zuvor während des Business-Retreats auf dem Boot in Montenegro waren. »Wie wäre es mit den Malediven?« Ungläubiges Gekicher: Na klar, Malediven ...

Sechs Monate später war da dieses Angebot für eine Maledivenreise in meinem E-Mail-Fach. Und damit DIE Gelegenheit. Das sind die Momente, die darüber entscheiden, ob Ideen nur ein Traum bleiben oder ein Ziel werden: die Momente, in denen man die Entscheidung fällt, es anzugehen, es umzusetzen, es zu machen – oder eben nicht. Dann wird der Traum wieder vertagt. So bin ich aber nicht. Also habe ich entschieden und losgelegt. Und sechs Monate, viele Marketingmaßnahmen, Verkaufsgespräche und Planungsstunden später sind wir hier. *Wow* ... Da war sie wieder, die Stimme.

Wir steigen vom Speed-Boat direkt auf einen überdachten Steg zur Insel. Dieser führt zu einer kleinen offenen Warte-halle, direkt vor der Rezeption. 12 Menschen lassen sich auf die einladenden Sofa-Arrangements fallen. Personal und fri-sches Wasser warten auf uns. Und eine Überraschung: Unse-re Unterkünfte stehen uns nicht wie gebucht zur Verfügung.

Määähhh ... echt jetzt? Fängt ja gut an, will es in mir quen-geln. Doch ich habe ja die letzten Jahre brav an mir gearbei-tet. Und so gebe ich der Gelegenheit die Chance, zur besten für uns zu werden. Sie soll uns nicht enttäuschen.

Der Hotelchef überreicht mir einen Stapel Umschläge und erklärt mir, dass unsere Bungalows leider nicht für die gesamte Zeit zur Verfügung stehen werden. Wir müs-sen zwischendrin umziehen. (Na wird ja immer besser, will es meckern.) Bis zur Hälfte des Aufenthalts werden wir als Wiedergutmachung mindestens auf die nächstgrößere Stufe geupgradet. Jeder bekommt einen Deluxe Bungalow – mit Jacuzzi, Badewanne oder sogar einem eigenen Pool und direktem Zugang zum Meer. Zudem werden wir für die Zeit ohne zusätzliche Kosten im besten Restaurant der Insel direkt am Meer speisen.

Wow ...

Jeder erhält seinen Umschlag, in dem sich der Schlüssel zum Paradies befindet.

Eine hysterisch schnatternde Gruppe macht sich auf den Weg zu den Unterkünften. Meine Güte, was sind wir ge-spannt. Was erwartet uns?

Der größte Bungalow, zwei Etagen und ein privater Pool erwarten uns! Die höchste Zimmer-Kategorie geschenkt. *Wow* ...

Das Schlafzimmer ist gefühlt so groß wie unsere ganze Wohnung in Berlin. Ich wohne immer noch in meiner Studentenwohnung, drei kleine Zimmer und eine Miete, die ich mir die letzten Jahre als alleinerziehende Selbstständige gerade so leisten konnte. Mit einem kleinen Schlafzimmer von 5 qm. Mein Bett und ein Schrank haben darin Platz, mehr nicht.

Und jetzt stehe ich in dieser Villa, in einem Schlafzimmer, in dem ich tanzen kann. Nur für uns allein – für mich und meine Tochter. Wow! Und ja: Ich weine schon wieder. Meine Tochter übrigens auch. Sie läuft durch das Haus und weint vor Glück. Das Badezimmer ist genau so, wie sie es immer mal erleben wollte: eine Dusche unter freiem Himmel, eingefasst von einer halbrunden, weißen Mauer. Toilette und Waschbecken befinden sich unter einem überdachten Teil des Bades, ein großer Schrank reicht über die gesamte Wandseite und hält Bademäntel bereit. Zwei Waschbecken nebeneinander, verschiedene Pflegeutensilien nur für uns. Vom überdachten Teil führen Steine zur Dusche. Wow! Wir können uns gar nicht sattsehen.

Wir sind so beschenkt, so belohnt vom Leben. Ich erlebe wahrscheinlich zum ersten Mal in dieser Deutlichkeit, was das Leben bieten kann, wenn man bereit ist, wirklich außergewöhnliche und mutige Wege zu gehen. Denn diese Reise ist wirklich ein außergewöhnlicher und mutiger Weg. Ich kannte bis dahin niemanden, der so eine Reise geplant oder in dieser Form umgesetzt hatte. Ok, ich muss zugeben: Von einem Plan zu sprechen, ist im Grunde gelogen. Denn es war mehr ein Impuls. Eine Schnapsidee eben. Und genau diese Ideen und Impulse sind es, die die größten Belohnungen bereithalten. Ich habe es wieder und wieder erlebt und erlebe es auch immer wieder, wenn meine Kundinnen sich trauen, ihre Ideen und Impulse wahr zu machen. Logik und Vernunft führen halt immer nur zu vernünftigen Ergebnissen. Dieses Bad und dieser Bungalow waren wirklich unvernünftig. Und wie. YEAH!!

Wir bekommen, was wir uns zutrauen

Also schlafe ich die kommenden 12 Tage in einer zweistöckigen Villa, mit Dusche im Freien, eigenem Pool und direktem Zugang zum Meer. Denn, das wusste ich da noch nicht, ich darf die gesamte Zeit in der Villa bleiben. OMG! Die Tage verbringen wir mit den Teilnehmerinnen in einem ganz außergewöhnlichen Seminarraum: unserer Terrasse am Pool. Wir lernen, wachsen, entwickeln das Business weiter. Zwischendurch gehen wir in der Lagune vor der Villa schnorcheln und im leckersten Restaurant der Insel essen. All inclusive. So wie das Leben gemeint ist: Jeder Wunsch wird erfüllt, jede Bestellung sofort geliefert. Denn im Grunde ist es so. Wir bekommen, was wir uns zutrauen. Die meisten trauen sich einfach nicht, sich mehr zu wünschen, als sie bisher erleben durften. Mehr als sie in ihrem Umfeld sehen. Zugegeben, ich hätte mich nicht gewagt, diese Villa zu buchen. Viel zu sehr über dem Budget. Und doch habe ich sie geschenkt bekommen.

Wir alle, die wir auf dieser Reise waren, haben dieses Geschenk erhalten. Denn für uns alle war diese Buchung ein Sprung aus der Komfortzone. Und wir alle wurden belohnt:

Wir durften das Leben all inclusive genießen und einmal mehr verstehen, dass es keine Grenzen für das gibt, was möglich ist. Und das gilt in alle Richtungen. Leider.

Die Herausforderung der meisten Menschen besteht darin, dass sie die negativen Ereignisse und Ergebnisse eher für möglich halten als die positiven und wünschenswerten. Crazy, oder? Und leider erleben sie dann eben auch mehr von dem, was sie nicht wollen.

Warum fällt es uns so schwer, uns vorzustellen und es für möglich zu halten, dass wir alles haben können? Und warum sind wir so leicht davon zu überzeugen, dass Dinge schiefgehen und wir etwas nicht bekommen?

Weil wir uns und dem Leben nicht vertrauen. Weil wir dazu erzogen werden, »realistisch« zu bleiben. Und realistisch heißt in den meisten Fällen: die schlechtere der Möglichkeiten zu erwarten. Es ist also an der Zeit, so unrealistisch wie möglich aufs Leben zu blicken. Bereit?

Wertschätzung im Kleinen

Wir sind also in dem unrealistischsten aller Erlebnisse und leben einen Traum. Umgeben von Personal, das auf den Malediven lebt, um von dort aus ihre Familien in Sri Lanka und Indonesien zu versorgen. Sie leben dort fast das ganze Jahr und sehen ihre Familie nur sehr selten – Kinder, Frau, Mann, Eltern. Sie alle leben dort, auf dieser Insel hinter hohen Mauern in einem extra Arsenal. Sie arbeiten oft von früh bis spät in mehreren Rollen. Morgens bedienen sie die Gäste, nachmittags lenken sie die Ausflugsboote, abends helfen sie beim Auf- und Abbau der Veranstaltungen. Sie ermöglichen uns diese traumhaften Tage auf einer Insel, die für uns das Paradies ist.

Wir sind nur für ein paar Tage hier. Wir sind hier, weil wir es uns leisten können. Wir geben Trinkgeld in Dollar. Weil diese Währung hier so viel mehr wert ist als die heimische Währung. Jeden Tag hinterlassen wir ein paar Dollar im Zimmer, auf dem Essenstisch, im Spa, an der Bar, an der Rezeption.

Jeden Abend, wenn wir die Dollar auf dem Tisch liegen lassen, rührt sich eine alte Erinnerung in mir.

Bis zu meinem 15. Lebensjahr lebte ich in der DDR. Ein Land, in dem die eigene Währung weniger wert war als die Währung aus dem westlichen Ausland. Dollar und D-Mark wurden heiß gehandelt und öffneten so manche Türen. Ich erinnere mich genau an das Gefühl, wenn man dieses privilegierte Geld hatte. Ich erinnere mich an diesen Moment, damit in den Intershop zu gehen und für eine D-Mark ein Eis zu kaufen. Ich war immer so voller Stolz und Genuss. Ich fühlte mich so besonders, so wohlhabend. So dazugehörig zu diesen Menschen in dem Land, wo alles nach Persil und Kaffee roch. So rochen die Pakete, die uns sehr vereinzelt von Verwandten aus der damaligen BRD erreichten. Es war alles so besonders, so wertvoll und jedes kleine Fitzelchen aus diesen Paketen wurde wertgeschätzt und mit Sorgfalt behandelt.

Ob es den Familien des Personals auch so geht? Ob sie jeden Dollar, der sie erreicht, auch so zelebrieren? Ich bin mir sicher. Und ich spüre es noch so genau, wie es sich anfühlt, diese Dinge aus dieser reichen Welt zu bekommen und damit einen Teil in die eigene Welt zu holen.

Und so lege ich jeden Dollar, den ich heute besitze und hierlassen kann, mit genau diesem Gefühl und den besten Wünschen auf den Tisch, aufs Bett oder auf den Tresen des Spas. Möge er den Familien auch dieses Gefühl des Besonderen schenken. Heute bin ich die »Westlerin« und ich freue mich, dieses Gefühl anderen bescheren zu können. Denn ich kann es mir leisten. Ich kann mir leisten, diese Geschenke zu machen. *Wow ... einfach nur wow*, denkt es in mir.

Das Selbstbild korrigieren und das System justiert nach

Ich bin so dankbar, dass ich mir diesen Weg möglich gemacht habe: Vom Ostkind zur alleinerziehenden Mutter mit prekärem Auskommen, hierher auf diese Insel mit diesem Luxus. Mein System justiert nach. Denn dies darf das neue Normal werden. Alles, was von uns nicht als normal anerkannt wird, wird automatisch korrigiert. Also verschwindet es wieder. Das ist auch der Grund, warum plötzliche Lotto-Millionäre ihr Geld sehr oft sehr schnell wieder verlieren. Sie ziehen ihr Selbstbild nicht nach und bleiben in der Identität des bisherigen Ichs. Und da sind Millionen auf dem Konto nicht normal. Also müssen die weg. In solchen Fällen ist unser Unterbewusstsein sehr erfinderisch und bringt uns durch absurde Handlungen und scheinbare Zufälle im Außen dazu, dieses Geld dann schnell wieder loszuwerden. Das gilt auch für unser Gewicht oder unseren Kontostand. Wir haben ein geeichtes Normal. Und dahin kehren wir immer wieder zurück.

Außer wir korrigieren diese Ansicht von uns selbst – unser

Selbstbild. Und das ist jetzt zu tun. Für mich und vor allem auch für die Teilnehmerinnen. Das Leben hat uns quasi den Lottogewinn geschenkt. Also ist es an der Zeit, diese Möglichkeit zu nutzen und ein neues Selbstbild zu trainieren. Schließlich sind wir ja genau dafür angereist.

Wieder einmal durfte ich erleben, dass man bekommt, wonach man fragt. Wir fragten nach neuer und größerer Identität und bekamen das Trainingsfeld dafür. Wer nach Stärke fragt, bekommt die Möglichkeit, diese Stärke zu trainieren. Wer sich mehr Resilienz und Gelassenheit wünscht, findet sich in Umständen wieder, um genau das zu trainieren. Doch die meisten Menschen verstehen das falsch. Sie erwarten, plötzlich Gelassenheit eingeimpft zu bekommen. Doch so funktioniert das nicht. Wir dürfen sie erlernen und bekommen genau die Umstände, die uns das möglich machen.

»Frequency aligns frequency«

So sitzen wir in der höchsten Zimmerkategorie, im besten Restaurant und üben uns in Fülle und Wohlstand. Wir üben uns darin, diesen zu teilen, auch anderen durch unseren Wohlstand ein schöneres Leben zu ermöglichen. Ihnen zu zeigen, was möglich ist, und ihnen oder ihren Familien hoffentlich einen ersten Schritt in diese Richtung möglich zu machen.

Ich bin mir sicher, dass die Menschen, die dort arbeiten, von der Inspiration beflügelt und auch beeinflusst sind. Denn das ist ein anderer wundervoller Nebeneffekt: Die Schwingung, die Frequenz dieser Dinge und Menschen, wirkt auf uns und beeinflusst uns. Und wenn wir diese Schwingung bewusst nutzen, können wir uns diese Dinge auch möglich machen. Ich habe es immer wieder erlebt. Und ich wünsche jedem Menschen, es auch möglichst oft selbst zu erleben. »Frequency aligns frequency«, sagen Menschen wie Bob Proctor und Dr. Joe Dispenza. »Eine bestimmte Frequenz zieht die gleiche an.« Im Deutschen nennen wir es gern: »Gleich und gleich gesellt sich gern.« Und so ist es. Wenn wir in einer bestimmten Frequenz denken und fühlen, ziehen wir Menschen und Dinge in unser Leben, die dieser Frequenz entsprechen.

Negative Gefühle schwingen dabei sehr niedrig und ziehen negative Dinge an. Positive Gefühle, wie Dankbarkeit und Liebe, sind hingegen sehr hohe Schwingungen und ziehen gute Dinge an. Dies sind die Frequenzen, die Fülle und Glück ermöglichen. Doch dafür müssen wir bereits in dieser Schwingung sein.

Wir sind in einem Umfeld, das uns ermöglicht, genau das bestens zu trainieren: hoch schwingen, dankbar und in Liebe sein.

Die Gruppe, die Umgebung, die Themen. Wir sind in unserer besten Energie. Und so geht für jede Mitreisende in kürzester Zeit eine neue Tür zu neuen Aufträgen, Kundschaft und besserer Bezahlung auf. Magie? Nein. Einfach eine Gesetzmäßigkeit, die man kennen und nutzen muss.

Und das tun wir.

Wir genießen die Tage mit leckerstem Essen, schönstem Wetter, viel Lachen und intensiver Gemeinschaft, in schönster Umgebung, mit schönsten Gedanken und bestem Service. Wir wachsen an alledem über uns hinaus. Wir sehen

Delfine, tauchen mit Schildkröten, üben uns im Stand-up-Paddeln und entwickeln uns und unsere Businesses weiter. Jede findet ihr neues Produkt, ihre neue Identität. Jede sprengt ihre Grenzen.

Dann ist es so weit: Ein letztes Mal gemeinsam frühstücken. Ein letztes Mal gemeinsam schnorcheln, ein letztes Mal dem Personal Danke sagen und ein letztes Mal in diesem großen Zimmer einschlafen und aufwachen. Ein letzter Blick über die Lagune.

Unsere Koffer werden verstaut. Wir sitzen in der Empfangslobby noch einmal auf der großen Sofa-Lounge und haben einen letzten Plausch mit dem Hoteldirektor.

Auch er ist schon ein Jahr nicht mehr zu Hause gewesen. Die Pandemie hat ihn noch länger an die Insel gebunden als vorgesehen. Er freut sich auf seine Heimat. Wir so langsam auch. Früher wäre ich jetzt in tiefer Sehnsucht und Abschiedsschmerzen versunken. Schon lange kenne ich diese Gefühle nicht mehr. Denn ich weiß: Wenn ich will, komme ich wieder. Wann immer ich will.

Und so steigen wir ins Boot. Die Insel weint. Es regnet in Strömen. Die See ist unruhig. Wir machen uns auf den Weg mit dem Speed-Boat, 30 Minuten über den offenen Ozean zum Flughafen. Am Steg steht das Personal und winkt. Wir winken zurück. Der Regen schlägt gegen die Plane, vermischt sich mit meinen Tränen der Dankbarkeit und nimmt mir die Sicht. Ich bin so tief berührt und glücklich.

Ich erinnere mich nochmal an unsere letzte Reise nach Montenegro. Ich erinnere mich an den Moment nach einem Ausflug:

Auch damals stiegen wir in unser Boot, während das Personal am Steg stand und uns zum Abschied winkte. Ein

Moment, der mich so tief berührt hat und in dem ich wusste: Das will ich wieder erleben. Damals war die Idee für die Malediven schon geboren. Und dieser Moment schon kreiert. Wir winken. Das Personal winkt. Ich weine.

Und denke: *Wow. Was für ein Leben ich mir geschaffen habe. Wow.*

Dankbarkeit – der Weg zur Glückseligkeit und Fülle

Bianca Gabbey

Jeden Tag begegnen wir in unserer Welt Chancen und Risiken. Doch wie wir die einzelnen Situationen bewerten und wahrnehmen, liegt einzig und allein an uns und unserer Prägung. Unsere Denkweise und unsere Emotionen entscheiden darüber, wie uns die Welt erscheint. Eine große transformative Kraft wird hierbei der Dankbarkeit zugeschrieben. Ich habe mir diese zu Nutze gemacht. Durch die Dankbarkeit habe ich mich von der alleinerziehenden Mutter mit ausgeprägtem Mangeldenken zu einer erfolgreichen Unternehmerin mit einem Leben in Freiheit und Erfüllung gewandelt.

143

Wir sind uns bis hier sehr wahrscheinlich einig darüber, dass unsere Gedanken unsere Wahrnehmung von der Welt und unsere Realität beeinflussen. Durch die bewusste Entscheidung, positiv zu denken, können wir die Richtung unseres Lebens verändern. Dankbarkeit wird dabei zu einem besonders kraftvollen Katalysator.

Warum ist das so? Ein Blick in die Neurowissenschaften verweist hier auf die Rolle von Dopamin. Dieser Neurotransmitter, oft als Glückshormon bezeichnet, spielt eine entscheidende Rolle in der Motivation und Belohnung. Studien zeigen, dass das Praktizieren von Dankbarkeit die Dopaminproduktion erhöhen kann. Dies führt zu einem verstärkten Gefühl von Wohlbefinden und Zufriedenheit. Wenn du also Dankbarkeit aktiv praktizierst, aktivierst du deinen körpereigenen Happy-Cocktail.

Indem du dich auf das Gute konzentrierst und Dankbarkeit empfindest, stellst du eine Verbindung zu positiven Energien her, die dich auf deinem Weg vorantreiben und energetisch ähnliche Dinge, Menschen und Gelegenheiten in dein Leben ziehen. Dankbarkeit ist also ein Schlüssel, den du bewusst nutzen kannst, um dein Leben in eine positive Richtung zu lenken.

Wie gut, dass du Dankbarkeit aktiv trainieren kannst.

Du kannst zum Beispiel eine tägliche Dankbarkeitspraxis etablieren. Dies könnte ein Dankbarkeitstagebuch sein. Schreibe am Anfang und am Ende eines jeden Tages drei Dinge auf, für die du an diesem Tag dankbar bist. Diese einfache Übung kann dazu beitragen, deine Perspektive zu verändern und deine Gedanken auf die schönen Aspekte zu lenken.

Es ist nachgewiesen, dass unsere tief verwurzelten Überzeugungen und Gedankenmuster maßgeblich unsere Entscheidungen beeinflussen.[11] Denn das Unterbewusstsein ist der Motor, der unser Verhalten antreibt. Durch die bewusste Ausrichtung auf Dankbarkeit können positive Überzeugungen ins Unterbewusstsein übertragen und damit positive Handlungsimpulse ausgelöst werden.

Dankbarkeit ist also nicht nur eine Frage der Höflichkeit, sondern eine mächtige Kraft, die uns die Geschenke des Lebens spüren lässt und uns damit glücklicher macht.

---

11 Vgl. https://www.nature.com/articles/s41467-019-09961-w.

Das ist
Ulla Gschwandtner

Wohnort Pasching, Oberösterreich

Alter 48

Webseite www.von-grau-zu-bunt.com

Was machst du beruflich? Trauerbegleiterin

Was zeichnet dich persönlich aus? Empathie, Intuition, Engagiertheit, Lösungsorientiertheit

Welches Tier wärst du? Eule

Wie ist deine familiäre Situation? Ich bin seit über 30 Jahren mit meinem Mann Robert zusammen, 25 davon sind wir verheiratet. Wir haben drei gemeinsame Kinder: Nina (2005), Emilia (2015, verst. 2016), Felix (2018). Wir alle leben zusammen mit unserem Hund Linus in einem Haus mit Garten in einem Vorort von Linz.

Lieblingszitat/Motto Durch das Leid hindurch, nicht am Leid vorbei, geht der Weg zur Freude. (Karl Barth)

Von Grau
zu Bunt

Ulla Gschwandtner

Dienstag, 5. April 2016, 19:47 Uhr: »Nehmen Sie sie einfach in den Arm«, sagt die Ärztin zu mir und ich starre auf meine Tochter, deren Herz aufgehört hat, zu schlagen. Sie liegt, nur mit ihrer Windel bekleidet, auf dem Untersuchungstisch im Schockraum. Alle, die zuvor eineinhalb Stunden versucht haben, Emilia zu reanimieren, stehen mit gesenkten Köpfen um den kühl wirkenden Metalltisch.

Ich gehe die paar Schritte nach vorne und nehme mein Kind hoch, so wie ich es in den gut 14 Monaten, die uns gemeinsam geschenkt worden waren, unzählige Male gemacht habe und setze mich auf einen Sessel.

Kuscheln ist angesagt. Mutter-Tochter-Zeit. Eigentlich wie immer und doch ist alles ganz anders. Ich kann nicht begreifen, was gerade passiert ist. Emilia ist tot. Mein Kopf ist leer. Ich spreche mit ihr, so wie ich es oft getan habe. Doch ihre Augen bleiben geschlossen und sie rührt sich nicht. Nie mehr.

Heute, einige Jahre nach dem plötzlichen Tod von Emilia, kann ich eine Zwischenbilanz ziehen: Der Tod von Emilia hat mich fast vernichtet, aber Gott sei Dank nur fast. Es geht mir wieder sehr gut, ich habe in ein glückliches und erfülltes Leben zurückgefunden. Natürlich habe ich auch meine Herausforderungen und Probleme. Trotz dieser Karten, die mir das Schicksal zugeteilt hat, bin ich sehr dankbar, dass ich gestärkt aus meiner größten Krise hervorgegangen bin.

Nicht nur ich als Person, auch meine Partnerschaft mit meinem wunderbaren Mann Robert hat die maximale Stressbelastung, den Tod des eigenen Kindes zu verarbeiten, überlebt. Überlebt ist eigentlich nicht das richtige Wort. Wir führen nun eine viel tiefere und achtsamere Beziehung. Auch als Familie sind wir daran gewachsen und leben mit unseren beiden Kindern, die wir jetzt noch hier auf Erden haben, ein sehr harmonisches Leben. Unsere Werte haben sich nach Emilias Tod verändert. Wir haben die schmerzhafte Erfahrung gemacht, dass uns vom Leben mit Emilia nur die Erinnerungen geblieben sind. Daher sind wir jetzt dabei, Erinnerungen und Momente in unserem Leben zu sammeln, die uns erfüllen, herzlich lachen lassen oder auch berühren.

Wie alles begann

Emilia war unsere zweite Tochter, auf die wir viele Jahre gewartet haben. Als wir die Hoffnung schon aufgegeben hatten, unsere Familie nochmals zu vergrößern, bemerkte ich, dass ich schwanger war. Unsere Freude war riesengroß, als Emilia im Jänner 2015 in unserem Wohnzimmer zur Welt kam. Eine Woche nach ihrer Geburt äußerte die Kinderärztin den Verdacht, dass Emilia Trisomie 21 haben könnte. Eine Genuntersuchung bestätigte dies. Leider wurde auch der oftmals mit dieser Diagnose verbundene Herzfehler diagnostiziert. Im Alter von drei Monaten sollte Emilia am Herzen operiert werden. Emilia hatte jedoch Gewebe gebildet und somit das Loch in ihrem Herzen verkleinert. Der chirurgische Eingriff konnte abgesagt werden.

Unsere Tochter hat sich in ihrem Leben so anders präsentiert, als es uns die Ärzte prophezeit hatten: Sie könne lethargisch herumliegen, blau anlaufen oder schnell müde werden. Doch sie war im Gegenteil unser absoluter Sonnenschein und hat uns gezeigt, wie Lebensfreude aussehen kann.

Im Alter von einem Jahr meinte die Kardiologin, dass Emilia nun doch operiert werden solle, damit sich ihr Herz nicht so anstrengen müsse. Doch Emilia hatte andere Pläne: Kurz vor dem Eingriff erkältete sie sich und der Termin musste verschoben werden. Wir dachten, unsere Tochter würde sich nochmals ein bisschen Zeit nehmen, um ihr Herz wie schon einmal zu reparieren. Doch am Abend des Tages, an dem sie eigentlich operiert werden sollte, als wir alle in einem Zimmer versammelt waren, hörte sie in meinen Armen auf, zu atmen.

Im Krankenhaus haben wir uns dann von ihr verabschiedet. Die ganze Familie kam noch einmal zusammen, um unsere Maus ein letztes Mal im Arm zu halten. Irgendwann in der Nacht haben wir das Krankenhaus verlassen und sind nach Hause gefahren. Emilias Körper haben wir dort zurückgelassen.

Mit den Trauerwellen schwimmen lernen

Ich werde manchmal gefragt, wie ich es geschafft habe, nach dem Tod meines Kindes wieder so gut im Leben zu stehen. Eigentlich habe ich darauf gar keine generelle Antwort, weil es so viele einzelne Puzzlestücke waren, die ich in der Bewältigung meiner Trauer zusammengetragen habe. Mit diesem Puzzle werde ich wohl mein Leben lang beschäftigt sein, denn – das weiß ich heute – die Trauer um mein Kind wird mich immer begleiten. Diese »große Traurigkeit« bestimmt aber nicht mehr mein Leben. Ich habe gelernt, mit den Trauerwellen, die immer wieder kommen, mitzuschwimmen. Ich drohe nicht mehr, darin unterzugehen, sondern kann mich bewusst darauf einlassen.

Zu Beginn war es jedoch ein reines Überleben. Was heißt zu Beginn? Für Tage, Wochen und Monate war es mir Ziel und Herausforderung genug, jeden Tag aufzustehen, für unsere große Tochter zu sorgen, mit dem Hund spazieren zu gehen und auch noch irgendetwas im Haushalt zu erledigen. Oft habe ich stundenlang im Esszimmer gesessen und an die Decke gestarrt, unfähig, auch nur irgendetwas zu machen.

Robert und ich haben von Anfang an gespürt, dass wir Unterstützung brauchten. Auch wenn wir in unserem direkten Umfeld zwei Freundinnen hatten, deren Kinder ebenfalls verstorben waren und die wieder recht gut ins Leben zurückgefunden haben, war uns klar: Allein ist uns das eine Nummer zu groß. Noch im Schockraum mit Emilia im Arm habe ich eine von den beiden angerufen. Ich habe sie mit den Worten begrüßt: »Emilia ist zu Vici (Anm.: die verstorbene

Tochter meiner Freundin) gegangen.« Nachdem ihre lauten Rufe am anderen Ende der Leitung wieder verhallt waren, habe ich ihr ganz klar und bestimmt angesagt, was ich von ihr möchte. Sie solle doch bitte bei mir zu Hause vorbeifahren und unsere große Tochter und meine Schwester abholen und mit ihnen ins Krankenhaus kommen. Glücklicherweise war sie nicht nur meine Freundin, sondern auch eine Kinesiologin (Energetikerin) und somit die erste, die uns zu Beginn täglich und dann sehr regelmäßig begleitet und unterstützt hat.

Es hat auch eine Zeit gedauert, bis ich überhaupt in der Lage gewesen bin, mir meinen Schmerz anzuschauen. Davor habe ich dieses dumpfe, schwere Gefühl in mir gut weggesperrt und mir gedacht, dass es mit der Zeit schon irgendwie besser werden würde. Doch mein Körper hat mich ausgetrickst. Ich bin immer öfter krank geworden und musste mich hinlegen. Diese Stille und Ruhe im Bett habe ich fast nicht ausgehalten, denn da kamen meine »große Traurigkeit« und der gesamte Schmerz hoch. Das war beinahe unerträglich.

Gefühle müssen gesehen werden

Eine andere gute Freundin hat einmal zu mir gesagt: »Du schaust nicht hin, du schaust dir deinen Schmerz nicht an, da kann es nie besser werden.« Ich habe sie – ganz ehrlich – gehasst, als sie diese Worte zu mir gesagt hat. Ich dachte, sie habe keine Ahnung, wie es sich anfühlt, sein Kind zu verlieren. Wie soll sie wissen, was gut für mich sein kann? Doch ihre Worte haben in mir gearbeitet und ich habe schließlich verstanden, was sie gemeint hat. Als ich bereit war, mir meine tiefsten und innersten Gefühle anzuschauen, hat sie mich dabei begleitet.

Wir sind bei mir im Wohnzimmer und ich weiß instinktiv, dass das eine ganz wichtige Situation für mich ist. Ich bin aufgeregt, denn ich habe furchtbare Angst, dass ich in meinem großen schwarzen Schmerzloch untergehen und nie wieder hervorkommen werde. Sie stellt mir Fragen: »Wo siehst du das schwarze Loch? Was befürchtest du, wenn du hineinsteigst?«

In meinem Kopf kämpfen die Gedanken: Da ist einerseits die große Angst vor dem Abgrund und ich stehe gefühlt wie versteinert vor diesem schwarzen Loch. Andererseits weiß ich um die Wichtigkeit und will endlich einen Schritt in meiner Trauerbewältigung machen.

Als ich mir dann meinen Schmerz anschaue, mich traue, ihn auszuhalten, kommen unzählige unterschiedliche Gefühle in mir hoch. Die Tränen laufen mir über die Wangen, es schüttelt mich vom Weinen und ich habe das Gefühl, als würde mir mein Herz herausgerissen. Bilderfetzen vom Leben mit und ohne Emilia tauchen auf. Mein Körper schmerzt. Doch in der Gewissheit, dass meine Freundin an meiner Seite ist, kann ich mich zum ersten Mal wirklich auf meine Gefühle und meinen Schmerz einlassen.

Ich kann heute nicht mehr sagen, wie lange dieser Prozess gedauert hat. Irgendwann ist es ruhiger in mir geworden. Ich habe zu schluchzen aufgehört, die Tränen sind getrocknet und ich lag zusammengekauert auf dem Boden. Zu meiner Überraschung fühlte ich mich leer und war erstaunlich ruhig.

Der Schwere war die Spitze genommen worden. Was das noch in mir verändert hat? Ich wusste nun, dass ich mich meinen Gefühlen stellen konnte, dass ich nicht in einem großen schwarzen Loch versinken würde, aus dem ich nie wieder herauskommen könnte. Das war meine große Sorge, der Grund, warum ich meine Gefühle nicht hatte anschauen wollen, sondern sie lieber weggesperrt habe. Erstaunlicherweise half mir die Konfrontation mit meinen Gefühlen tatsächlich sehr in meinem Trauerprozess. Ich konnte mich von da an immer wieder auf den Schmerz einlassen und meine Trauer, mit all den damit verbundenen Gefühlen, zulassen. Bis heute wende ich diese Methode an, die Karl Barth in einem meiner Lieblingssprüche wunderbar zusammengefasst hat: »Durch das Leid (den Schmerz) hindurch, nicht am Leid (Schmerz) vorbei, geht der Weg zur Freude.«

So könnte ich noch viele unterschiedliche Puzzlestücke aufzählen, die dazu beigetragen haben, dass es mir heute wieder so gut geht. Es hat Jahre gebraucht. Denn auch das habe ich erst lernen müssen, dass Trauer nicht nach dem ersten Trauerjahr aufhört. Dass die ersten 365 Tage zwar irgendwie einen Meilenstein markieren, weil man einmal den Jahreskreis mit allen Festen geschafft hat, das stimmt schon. Aber dass es damit von sich aus wieder besser wird, ist ein Märchen.

Berufliche Neuorientierung mit intensiver Trauerarbeit

Die intensive Auseinandersetzung mit meiner Trauer und dem Schmerz darüber, dass ich meine Tochter nicht mehr sehen, angreifen oder mit ihr sprechen kann, hat mich über die Jahre zu einem anderen Menschen gemacht. Es fand auch eine berufliche Neuorientierung statt: Eigentlich hätten Robert und ich eine gutgehende Handelsfirma übernehmen sollen. Dies hat sich jedoch in den Wirren der Corona-Krise von einem auf den anderen Tag zerschlagen. Zu diesem Zeitpunkt waren wir bereits in einem Coaching, um uns gut auf die Übernahme vorzubereiten. Wir klagten also dem Coach unser Leid, weil unsere Zukunft wie ein Kartenhaus eingestürzt war. Doch zu unserer großen Verwunderung sagte unser Coach zu uns: »Wie großartig ist es denn, dass das Produkt umfällt und ihr beide zum Vorschein kommt. Endlich seid ihr zu sehen!« Wir waren damals sehr überrascht.

Also begannen wir mit einer kompletten Änderung: Wir beschäftigten uns damit, welche Werte wir haben, was von den Menschen gebraucht wird, was uns Spaß macht, und natürlich auch mit unserer eigenen Lebensgeschichte. Und dann war es ganz klar: Was uns am meisten im Leben verändert hat, war der Tod unserer Tochter. Vor allem wie wir den Tod gemeistert haben. Wir sind daran gewachsen und haben uns weiterentwickelt. Unser Entschluss stand also fest: Wir wollten verwaiste Eltern begleiten.

Der Trauerprozess als Zwiebel

Während meiner Ausbildungen zur Trauerbegleiterin und zur psychologischen Beraterin kamen noch einige Male meine persönlichen Themen und meine Trauer um Emilia hoch. Doch mit jedem Gespräch darüber, mit jedem Einlassen auf meine Gefühle darf ich bis heute ein bisschen mehr heilen. Manchmal vergleiche ich den Trauerprozess auch mit einer Zwiebel: Man kann immer wieder eine Schicht lösen.

Heute kann ich sagen, dass ich durch den Tod meiner Tochter meine Berufung gefunden habe: Menschen auf ihrem schwersten Weg zu begleiten, ihnen den Raum aufzumachen, wo alles Platz haben kann. Ihnen Perspektiven für ihren Weg in der Trauer zu zeigen und auch bei Rückschlägen, die zweifelsohne kommen, da zu sein. Meine große Vision ist es, die Trauer vom Rand unserer Gesellschaft in unsere Mitte zu holen. Am eigenen Leib habe ich erfahren müssen, wie schnell sich der Freundeskreis verändern kann. Weil niemand wusste, wie man mit mir als trauernder Mutter umgehen sollte, wurde ich gemieden und es haben auch Menschen die Straßenseite gewechselt, wenn sie mich gesehen haben. Ich selbst hatte auch nicht die Kraft, auf mein Umfeld zuzugehen. Zu sehr war ich mit meinem Schmerz und meiner Trauer beschäftigt.

Doch der Tod gehört zum Leben dazu. Wenn wir geboren werden, sterben wir irgendwann wieder. Leider verlernen wir heute den Umgang mit Sterben und Tod. Ich hatte das Glück, dass drei meiner vier Großeltern zu Hause verstorben sind. Bei einem Opa war ich sogar beim Sterben dabei. Ich konnte bei allen drei im wahrsten Sinne des Wortes begreifen, dass sie tot sind und mich verabschieden. Heute denke ich, dass ich in vielen Situationen meines Lebens schon auf den Tod und die Trauer vorbereitet worden bin. Ich hatte auch von Anfang an das Gefühl, dass wir in unserem Leben geführt werden und dass wir Emilias Tod verarbeiten und gut weiterleben werden.

Von tiefster Trauer zur stolzen Trauerbegleiterin

Emilia hat mich also auf meinen neuen Weg gebracht, der mich in meiner Arbeit sehr erfüllt. Inzwischen begleite ich nicht nur trauernde Eltern, sondern generell Menschen nach Verlusten. Es erfüllt mich mit großer Freude und Stolz, wenn ich merke, wie sich meine Klient:innen verändern und wie es ihnen wieder ein kleines Stück besser geht.

Emilia hat uns noch ein großes Geschenk gemacht: Im Jänner 2018 kam unser Sohn zur Welt. Er hat ganz viel in uns geheilt, immer im Wissen, dass er eine eigenständige Persönlichkeit ist und Emilia nie ersetzen kann bzw. wird. Er zeigt uns noch einmal, wie schön das Leben sein kann mit all seiner Energie. So sind wir nach unglaublich schweren, intensiven und anstrengenden Jahren der Trauerbewältigung eine harmonische, glückliche, unternehmungslustige und zufriedene Familie. Was im April 2016 ein großer Scherbenhaufen gewesen ist, ist nun wieder ein erfülltes und glückliches Leben.

Ich bin so dankbar, dass Emilia sich mich als Mama ausgesucht hat. Sie hat mich zu ihren Lebzeiten und vor allem auch nach ihrem Tod unglaublich geprägt und zu einem bewussteren, dankbareren und achtsameren Menschen gemacht.

Der Weg aus der Trauer: Dein größtes Trauma als wertvoller Schatz

Bianca Gabbey

Ulla ging durch die wohl dunkelste Stunde im Leben eines Menschen: der Tod des eigenen Kindes.

In den dunkelsten Stunden unseres Lebens, wenn der Schmerz uns zu überwältigen droht, liegt oft das größte Potential für persönliche Transformation. Dieser Wendepunkt kann eben durch den Verlust eines geliebten Menschen verursacht werden. Aber auch der Verlust einer Beziehung oder des Arbeitsplatzes können Auslöser für dunkle Stunden sein. Eine Frage stellt sich in jeder dieser Situationen: Wie heilen diese tiefen Wunden? Es geht nicht darum, ob der Schmerz verblasst, sondern wie wir daraus eine Stärke ziehen können, die uns zu einem selbstbestimmten Leben führt.

Das größte Trauma birgt oft den größten Schatz. Sicherlich ist das in den dunkelsten Zeiten schwer zu glauben. Wenn es dir jedoch gelingt, zu akzeptieren, dass die Umstände dich auf eine besondere Weise schulen und mit besonderen Tools ausstatten, gelingt es dir, dich auf deine neue Entstehung zu freuen, zu der dich dieser schwere Prozess begleitet.

Doch sei an dieser Stelle auch deutlich erwähnt, dass es Situationen gibt, die man nicht allein bewältigen kann. Egal, wie sehr man in der Theorie verstanden hat, dass schlimme Erlebnisse durchaus positive Folgen haben können. Sein Kind zu verlieren oder ähnlich schwere emotionale Belastungen, die traumatisch sind, brauchen eine professionelle Begleitung. Auch, um den Schatz wirklich heben zu können.

Nur so können in diesem Schmerz, Wissen, Fähigkeiten und Qualitäten entdeckt und entwickelt werden, die uns einzigartig machen. Die entscheidende Frage lautet: Sind wir bereit, diesen Schatz zu heben und uns der Werkzeuge zu bedienen, die wir in dieser Erfahrung erkennen können?

Ein Weg, um die positiven Aspekte hinter einer negativen Erfahrung zu finden ist der so genannte »Joseph-Effekt«[12]. Er setzt sich im Grunde aus 5 Schritten zusammen:

1. Den Joseph-Effekt verstehen: Worum geht es bei der Erfahrung? Was könnte als besonderes Wissen oder neue Erfahrung, als Stärke darin stecken?
2. Resilienz, also Widerstandkraft aufbauen: In diesem Schritt kannst du durch Achtsamkeitsübungen oder

---

12 Vgl. https://fastercapital.com/de/inhalt/Der-Joseph-Effekt-und-die-Trauma-Wiederherstellung--Erkenntnisse-und-Strategien.html.

Dankbarkeitsübungen diese Besondere psychologische Kraft trainieren, um Belastungen auszuhalten.

3. Sinn finden: Was könnte ein neuer Sinn in deinem Leben sein? Wofür könntest du hier sein und wie könnte diese Erfahrung dich dabei unterstützen, einen neuen Sinn auf dieser Welt zu erfüllen?

4. Nährende Beziehungen pflegen: Gestalte dir ein Umfeld, das dir guttut und dich nährt. Diese Beziehungen helfen, sich wertvoll und gebraucht zu fühlen. Dies fördert den Sinn im Leben und gibt Stabilität und Zuversicht.

5. Veränderungen willkommen heißen: Je leichter es dir fällt, Veränderungen anzunehmen, desto glücklicher wirst du durch das Leben gehen. Das Leben besteht einfach aus Veränderungen. Alles verändert sich ständig. Je mehr du bereit bist, das zu akzeptieren und diese Veränderungen zu begrüßen, desto leichter wird sich das Leben gestalten. Denn jeder Widerstand kostet dich Kraft.

Wenn es dir gelingt, die schlechte Erfahrung als Lehrerin und nicht als Strafe zu betrachten, hilft dir dieser Perspektivwechsel, die negativen Gefühle und Auswirkungen zu minimieren und die positiven Aspekte zu verstärken.

Wenn es dir gelingt, die Perspektive einzunehmen, dass die schlimmsten Erfahrungen oft dazu dienen, uns zu stärken und auf unser wahres Potenzial aufmerksam zu machen, wirst du jede noch so schwere Krise schneller und leichter durchstehen.

Der Weg aus den schlimmsten Momenten zurück ins Leben erfordert Mut, Selbstreflexion und die Bereitschaft,
sich den schmerzhaften Erinnerungen zu stellen. Es ist ein
Akt der Selbstliebe, sich diese Zeit zu nehmen und sich bewusst auf die eigene innere Stärke zu besinnen. Denn nur
durch diese mutige Auseinandersetzung mit dem eigenen
Schmerz können wir den Schatz inmitten der schweren
Schicksalsschläge entdecken und das Leben selbstbestimmt
gestalten.

Zeitfracht Medien GmbH
Ferdinand-Jühlke-Straße 7
99095 Erfurt, Deutschland
produktsicherheit@kolibri360.de